AF317739

UNIVERSITÉ DE NANCY

FACULTÉ DE DROIT

LE SECRET DE VOTE

Étude de Législation Française et Étrangère

THÈSE

POUR LE DOCTORAT EN DROIT

PRÉSENTÉE A LA FACULTÉ DE DROIT DE NANCY

Par M. Léon LEYS

L'acte public sera soutenu le Samedi 18 Février à 4 heures du soir

Président : M. CARRÉ DE MALBERG, Professeur.
Suffragants { M. BLONDEL, Professeur.
{ M. BOURCART, Professeur.

LILLE
IMPRIMERIE H. MOREL, RUE NATIONALE, 77

1899

LE SECRET DE VOTE

ÉTUDE DE LÉGISLATION FRANÇAISE ET ÉTRANGÈRE

LE SECRET DE VOTE

Étude de Législation Française et Étrangère

PAR

M. Léon LEYS

DOCTEUR EN DROIT

LILLE

IMPRIMERIE H. MOREL, RUE NATIONALE, 77

1899

PRÉFACE

L'élection est le fondement sur lequel repose l'existence de toutes les sociétés politiques. C'est par ce moyen que le peuple exerce sa souveraineté et donne l'impulsion à l'organisme gouvernemental. Il est donc essentiel d'en bien régler les modes et les conditions. « La loi qui fixe la manière de donner les bulletins de suffrage, dit Montesquieu, est la loi fondamentale dans les démocraties. »

Le corps des élus doit être la représentation exacte de la volonté populaire, l'image aussi fidèle que possible de la réalité. S'il en était autrement, l'élection prendrait le caractère d'une usurpation et les assemblées qui en seraient issues, perdraient tout prestige et toute force. Un pouvoir ainsi établi, ne saurait durer longtemps ; pour se soutenir, il devrait nécessairement avoir recours à la violence. « Un peuple dont les élections sont viciées, ressemble à un homme sain dont les aliments seraient falsifiés. — Un malaise général et inexpliqué les tourmente l'un et l'autre ; bientôt, si le régime n'est modifié, viendront la maladie ou la mort (1). »

(1) Rolins-Jacquemyns. — *De la réforme éleclorale*, page 10.

Pour que les élections soient autant que possible l'expression de l'opinion publique, il importe de protéger les électeurs contre les influences illégitimes du pouvoir ou de la fortune ; les élections doivent être libres.

Deux ordres de moyens se présentent : les uns répressifs, les autres préventifs. Les moyens répressifs, les pénalités, supposent l'inefficacité des seconds : ils ne sauraient donc faire la base de la protection des droits de l'électeur. Nous estimons que les moyens préventifs doivent être de préférence employés. Le plus important est sans contredit le mode de votation.

Les scrutins peuvent être secrets ou publics. Quelles que soient les raisons que donnent les partisans de la publicité, raisons d'ordre plutôt spéculatif, nous ne croyons pas qu'en pratique, vu l'état de nos mœurs, le scrutin public soit possible. Le vote public enlève toute liberté aux électeurs ; le vote secret au contraire, les met à l'abri des influences et garantit l'indépendance dont ils ont besoin pour émettre un vote personnel.

En France, le principe du secret du vote est depuis longtemps en vigueur ; seuls les moyens de le mettre en pratique ont varié. L'introduction du suffrage universel, qui aurait dû faire imposer un surcroit de garanties, a, au contraire, entraîné l'adoption d'un système beaucoup moins protecteur du droit des votants que celui précédemment en usage. Le vote est secret en principe, mais en réalité il ne l'est pas. Nous verrons au cours de cette étude que les garanties données par la loi française sont insuffisantes.

La plupart des nations où le régime représentatif

est en vigueur, ont senti le besoin de garantir les élections contre les fraudes. Certaines, comme l'Angleterre, ont brusquement passé du vote public au vote secret ; d'autres, après des tâtonnements infructueux, sont progressivement arrivées à donner à l'électeur le maximum de garanties.

En France, parmi les nombreux projets qui ont été soumis à nos législateurs, aucun n'a réussi à rallier tous leurs suffrages. Et cependant, l'exagération de nos luttes politiques rend bien sensibles les lacunes et les vices de notre législation sur ce point.

TITRE PREMIER

DU VOTE PUBLIC OU DU VOTE SECRET

Avant de rechercher les moyens les plus pratiques et les plus sûrs de garantir aux électeurs le secret de leurs suffrages, il importe de discuter la valeur même du principe.

De tout temps, la question a été très débattue : durant ces cinquante dernières années, la controverse a pris une intensité plus considérable, surtout en Angleterre. Des penseurs éminents, des esprits très graves et très pratiques, se sont déclarés partisans de la publicité des votes.

Dès le XVIIIe siècle, les discussions commencent. Montesquieu estime que les scrutins doivent être publics : « Il faut que le petit peuple soit éclairé par les principaux et contenus par la gravité de certains personnages (1) ». Les foules qui se passionnent et « s'échauffent pour un acteur comme elles auraient fait pour les affaires (2) » ont besoin d'être conduites. La masse du peuple, guidée par une élite intelligente, modérée et sage, choisira des représentants dévoués aux intérêts du pays.

(1) Montesquieu. — *Esprit des lois;* livre II, chapitre 2.
(2) *Ibidem.*

Le meilleur moyen d'assurer cette direction est de rendre les votes publics. L'état de dépendance dans lequel se trouve une grande partie du corps électoral, obligera les électeurs à voter selon les désirs des hommes importants.

Le scrutin secret, au contraire, priverait le peuple de ces tuteurs ; devenu libre, il se laisserait facilement entraîner par des politiciens plus préoccupés de leur intérêt personnel que de celui du pays. Au dire de Montesquieu, la décadence de Rome coïncide avec le moment où l'on introduisit le suffrage secret : « alors, dit-il, il ne fut plus possible d'éclairer la populace qui se perdait (1) ».

A cette raison d'ordre général, Montesquieu en ajoute une autre plus spéciale. S'il importe de rendre les votes publics dans un gouvernement représentatif, cette nécessité se fait particulièrement sentir dans une démocratie où les mœurs politiques doivent être avant tout, élevées et pures. « Il ne faut pas beaucoup de probité pour qu'un gouvernement monarchique ou un gouvernement despotique se maintienne ou se soutienne. La force dès lois dans l'une, et le bras du prince toujours levé dans l'autre règlementent et contiennent tout ; dans un État populaire, il faut un ressort de plus, la vertu (2) ». Un mode de votation qui permettrait aux citoyens de cacher leurs opinions, serait contraire à cette vertu, affaiblirait les convictions, déprimerait les caractères, et porterait une

(1) Montesquieu. — *Esprit des lois ;* livre II, chapitre 2.
(2) *Ibidem.*

atteinte très grave à la force et à la pureté des mœurs politiques.

Ces considérations visiblement inspirées par l'étude de la Rome antique et de la Constitution anglaise, ne nous paraissent plus suffisamment probantes. Nos sociétés modernes qui deviennent de plus en plus indépendantes, ne sauraient être comparées ni à l'oligarchie romaine, ni à l'aristocratie anglaise. L'influence des principaux a diminué, presque disparu ; nous ne sommes plus au temps où les patrons conduisaient au vote leurs clients, ni à l'époque où les lords anglais menaient les *freeholders* au *poll*. Le peuple tend à devenir complètement indépendant, il se déclare souverain et veut agir par lui-même.

De nos jours, la discussion a changé d'aspect : les partisans du scrutin public ont pris pour base de leur défense la nature même du vote. Pour eux, l'exercice du droit de suffrage est une fonction, une charge publique et non un droit privé, personnel.

Stuart Mill a étudié cette question d'une manière très approfondie dans son livre sur le « gouvernement représentatif ». Sans proscrire absolument le vote secret, il se déclare très franchement partisan du vote public, surtout dans les questions politiques. D'après lui, le suffrage est donné à l'électeur, pour le bien de la collectivité, et non pour son usage et son profit personnels ; il ne saurait être considéré comme un droit qui lui appartient en propre. Sans doute, le vote est pour nous un moyen de défendre nos intérêts, mais il nous est surtout donné pour le plus grand bien du pays. Les électeurs sont investis du suffrage, non seulement pour se défendre eux-mêmes, mais pour protéger et servir leurs concitoyens. « L'idée du suffrage n'est pas un droit naturel de l'individu, comme le prétend le contrat social, mais un droit public dérivé de l'État, n'existant que dans l'État, ne pouvant exister contre lui. C'est comme citoyen et non comme homme que l'électeur vote, il ne tire pas son droit de lui-même, des nécessités de l'existence ou de son développement personnel, mais de la Constitution et pour le bien de l'État (1). »

La meilleure preuve que le droit de suffrage est donné dans l'intérêt général, c'est que son exercice n'est pas permis à tout individu : certains sont écartés comme incapables ou indignes. Il en serait autrement si ce droit était purement personnel, si son usage bon ou mauvais n'intérressait pas la collectivité ; nous devrions tolérer la corruption et permettre à un électeur de vendre son vote. « Du moment où vous rabaissez le vote, en le qualifiant de droit personnel, disait Lord Palmerston, vous faites disparaître le seul motif qui permette de punir un homme pour s'être laissé corrompre en l'exerçant : je nie que le vote soit un droit personnel ; je dis que c'est un mandat que chaque électeur a reçu dans l'intérêt du pays. »

Le suffrage, disent les partisans du vote public, est donc une charge déférée par la Société. Comme toute fonction, elle entraîne la responsabilité, et se trouve soumise au contrôle de l'opinion. Ce contrôle ne peut s'exercer que par la publicité. Des électeurs dont l'intérêt n'est pas contraire au bien général, n'auraient

(1) *Bluntschli*. La Politique, page 273.

peut être pas la force de bien voter, si le stimulant et la contrainte de l'opinion ne les y poussaient. « La part d'un homme dans l'intérêt public, ne suffit pas, même quand son intérêt ne le tire pas d'un autre côté pour lui faire accomplir son devoir envers le public. On a trouvé qu'en règle générale, il fallait quelque autre stimulant (1). » La présence de quelques hommes sages, l'influence que l'honnêteté aura toujours, ont plus d'une fois impressionné et fait changer des foules entières. « Le seul frein qui contienne une multitude de coquins, c'est son respect involontaire pour l'opinion d'une minorité honnête (2). »

D'ailleurs, ajoute-t-on encore pour légitimer le vote public, il est impossible de conserver le secret absolu des votes. Y arriverait-on, qu'il serait toujours juste de dire que ce mode de scrutin favorise le mensonge et l'hypocrisie et conduit à l'avilissement des caractères.

Malgré toutes les précautions, le secret complet est illusoire. Tôt ou tard, avant ou après l'élection, il sera trahi ; les visites des candidats ou de leurs agents, les conversations, auront dévoilé la pensée des électeurs. S'ils refusent de parler, leur silence est interprêté contre eux ; s'ils répondent avec franchise, le secret n'existe plus. Le vote secret est donc une chimère, bien plus, il conduit au mensonge.

De deux choses l'une, ou l'électeur vote suivant l'opinion qu'il a manifesté en public ou il vote contre. Dans le premier cas, pourquoi voter en secret, en se

(1) Stuart Mill. *Le régime représentatif*, chap. X.
(2) *Ibidem.*

cachant ; n'est-il pas préférable et plus noble, de proclamer avec franchise ses convictions ? Dans le second,
si l'on vote contre l'opinion que l'on professe en public,
ou contrairement aux promesses que l'on a faites,
on achète son indépendance au prix d'un mensonge
et sous le couvert de l'hypocrisie. « Avec le scrutin
secret, il peut se faire que l'homme que vous recevez
sous votre toit, que vous comblez de vos faveurs, que
vous traitez d'ami, qui affecte de se montrer votre
partisan dévoué, vous tend une de ses mains au
moment où l'autre dépose dans l'urne un bulletin au
nom de votre adversaire » (1).

La protection du mensonge ne sera même pas toujours efficace ; parfois elle ne suffira point à donner
aux électeurs assez d'assurance au moment du scrutin
pour tromper l'œil exercé des agents électoraux.

D'autre part, en raison même du mystère dont le
bulletin est entouré, il arrivera souvent, si la docilité de
l'électeur n'est pas certaine, que celui qui a empire sur
lui l'empêchera de voter. Le scrutin secret favorise
donc les abstentions et ne peut que dégrader le
caractère national. Au contraire, le vote public le
fortifie et l'élève ; les électeurs pour voter publiquement, doivent se munir d'une certaine dose de
courage et de fermeté. Voyez, dit-on, il n'y a pas de
pays où les convictions et les partis soient plus forts,
l'esprit public aussi vigoureux, aussi ferme qu'en
Hongrie. « Le vote public met obstacle aux défail-
lances et aux infidélités intéressées, qui n'osent
s'avouer au grand jour, tandis que le scrutin secret

______

(1) Robin Jacquemyns. — *De la réforme électorale*, page 77.

couvrirait de son ombre les misères des rancunes ou des préférences personnelles qui font sacrifier les opinions politiques aux inspirations de l'égoïsme » (1).

Le scrutin public a encore le grand avantage de rattacher étroitement l'élu à ses commettants. « Derrière chaque député se forme un petit corps d'armée, bien uni et bien discipliné, dans lequel tous les soldats se connaissent, connaissent leur chef, et en étant connus, lui donnent comme une garde civile qui ferait sa force dans les jours de péril (2). » Ce groupement est précieux ; il donne au député une force qu'il ne trouverait pas dans un groupement anonyme.

En outre, avec le scrutin public, beaucoup de fraudes seraient évitées, et en tout cas, facilement découvertes et réparées.

Le contrôle des suffrages achetés ou acquis par violence ou menaces, serait alors possible. L'opinion des électeurs est toujours plus ou moins connue ; dès lors, si un électeur vote pour un candidat dont il a toujours été l'adversaire, c'est qu'évidemment quelque manœuvre anormale a changé sa conviction. Le contrôle des opinions garantit leur valeur et assure la sincérité des opérations électorales.

Supposons qu'un individu privé du droit de vote ait pris part au scrutin, il sera facile, la fraude reconnue, de défalquer du nombre de voix recueillies par le candidat, le vote que ce non électeur a indûment émis. Avec le scrutin secret, il est

(1) Lefèvre-Pontalis. — *Les élections en France et en Angleterre*, p. 365.

(2) *Ibidem.*

impossible de faire cette soustraction avec certitude ; on est réduit aux soustractions hypothétiques.

Les fraudes électorales si nombreuses avec le vote par bulletin, diminuent avec le vote public : tout se passe au grand jour. En Hongrie, le vote par groupe, sous le contrôle des agents des candidats, rend impossible toute erreur dans le comptage des voix. On n'a pas non plus à craindre les substitutions si fréquentes de bulletins qui viennent fausser les résultats, ni la violation des urnes que des assesseurs sans scrupule, transforment en vrais boîtes de prestidigitation.

Le scrutin public moralise les élections ; il est le meilleur remède contre la vénalité. Beaucoup d'électeurs hésiteraient à se laisser corrompre, s'ils devaient voter en public. Le scrutin secret facilite ces manœuvres. « Aucune loi n'est plus favorable à la corruption, » à l'intrigue, que celle qui appelle les ténèbres sur les » opérations électorales et jette le voile du secret sur » les menées honteuses du corrupteur et des cor- » rompus (1). »

Les partisans du vote public, malgré les nombreuses raisons qu'ils invoquent, n'ont pas réussi à faire prévaloir leur système. Bien plus, certaines législations qui consacraient la publicité des votes, pratiquent aujourd'hui le scrutin secret. La plupart des arguments proposés en faveur du scrutin public, reposent sur des considérations théoriques, très acceptables dans une société idéale, mais sans grande valeur en

(1) Houzel. — *Constitution sociale.* — II° partie, livre III, chap. 2.

matière politique, où plus que partout ailleurs, il importe de raisonner sur des faits.

Les partisans de la publicité tirent, on s'en souvient, leur principal argument de la nature même de droit de vote ; ils le considèrent comme une fonction. L'opinion contraire est généralement enseignée; nous estimons que le vote n'est pas une charge publique, mais un droit. Lorsque l'électeur fait acte de vie publique, il agit en son nom personnel et non comme mandataire, comme dépositaire d'une fonction. Une jurisprudence constante (1) décide que l'électorat n'est pas une fonction, mais un droit propre, personnel, qui dérive de la qualité de français, habilitée de certaines conditions.

Ainsi se trouve par cela même écarté le droit de contrôle du public. L'électeur ne doit rendre compte de ses votes qu'à sa conscience. S'il fait de son droit un mauvais usage, s'il vote mal, il est le premier à en souffrir : la sanction des mauvais votes se retrouve dans les conséquences toujours fâcheuses qui en résultent.

Investi d'un droit personnel, l'électeur doit pouvoir l'exercer librement. La loi nous donnerait une prérogative inutile, si elle ne nous en assurait pas le libre exercice. Le secret des opérations électorales nous semble le meilleur moyen de garantir cette indépendance.

Stuart Mill, l'un des plus ardents partisans du vote

---

(1) Cassation, 25 mai 1838. — *Sirey* : 1838, I. 513.
    »   23 février 1850   »   1850, I. 473.
    »   28 février 1876.   »   1877, I. 89.

public, déclare lui-même que : « Le scrutin se justifie parfois ; ce n'est pas poltronnerie de chercher à se garantir des maux qu'on peut honnêtement éviter..... Quand les votants sont des esclaves, on peut tolérer tout ce qui les rend capables de secouer le joug. » (1)

Sans doute aujourd'hui, les différentes classes de la Société se rendent beaucoup mieux compte de leur force, et les individus des classes moins élevées portent la tête haute devant ceux des classes supérieures ; mais il n'en reste pas moins vrai que leur indépendance est loin d'être complète. La population ouvrière des villes est incapable en général de choisir librement ses représentants. Quelque développées que soient l'instruction et l'éducation politique du travailleur, la situation économique que nous subissons, ne lui permet pas d'exercer librement ses droits ; pour conserver sa place, il évitera de déplaire à son patron et votera pour le candidat que celui-ci protège.

L'électeur des campagnes, moins éclairé que celui des villes, est encore plus dépendant du propriétaire qui l'emploie. Ces influences, déjà très puissantes, sont parfois secondées ou exercées par l'Administration elle-même. Dans certains pays, elle prend fait et cause pour un candidat, tantôt silencieusement, tantôt ouvertement comme dans le régime de la candidature officielle. Avec le scrutin secret, les comités auront beau menacer de mettre hors la loi ceux de leurs membres qui ne voteraient pas pour le candidat qu'ils imposent, et c'est sans profit que les propriétaires et les industriels conduiront, par bandes

(1) Stuart Mill. — *Le régime représentatif*, chapitre X.

et sous leur surveillance, les ouvriers de leur usine ou les fermiers de leurs terres. Alors même qu'à tous ces électeurs des bulletins auraient été imposés, ceux-ci pourront sous une législation protectrice de l'indépendance et de la liberté du vote, échapper au contrôle, changer leur bulletin et voter suivant leurs principes.

Le secret soustrait toute une catégorie d'électeurs dépendants, à la nécessité d'opter entre leurs moyens d'existence et leur conscience politique.

Il est encore une influence contre laquelle le secret protège l'électeur ; nous voulons parler de l'entraînement qu'exercent les foules. Des gens aux opinions raisonnées, mais dont le caractère est faible et versatile, se troublent, se laissent intimider par les clameurs et les regards d'une coterie. L'entraînement exerce sur les électeurs une force irrésistible : ils se sentent attirés vers la masse. Les plébiscites de l'an VIII, de l'an X, de l'an XII, s'ils n'avaient eu lieu par bulletin, n'auraient pas donné une aussi grande majorité à Napoléon.

Malgré les promesses et les dons qu'on aura pu lui faire, l'électeur restera libre de voter selon sa conviction, sans avoir à craindre le contrôle de ceux qui ont tenté de le corrompre. Le corrupteur ne peut vérifier l'exécution du marché nouveau ; il essaiera peut être de s'en rendre compte, au moyen de signes de reconnaissance, mais la loi les interdit formellement. Nous ne prétendons pas que le scrutin secret soit un remède infaillible contre la corruption et la vénalité; mais assurément, il les entrave et beaucoup plus efficacement que le scrutin public. L'histoire des élections anglaises durant ces vingt dernières années, en est la preuve : les pénalités successives ne furent pas assez énergiques pour guérir cette plaie qui s'étalait devant les *hustings* et au moment du *poll*. On fut obligé d'abandonner le scrutin public et d'en venir au vote par bulletin. Depuis le *ballot act*, la vénalité est en décroissance ; les marchandages sont plus difficiles, et si la corruption existe et existera toujours, le corrupteur n'est plus certain de recueillir le fruit de ses dépenses.

L'électeur peut donc se jouer de ceux dont il dépend ou qui ont essayé de le circonvenir. Ces mensonges soulèvent, on s'en souvient, l'indignation des partisans du scrutin public. D'une part, disent-ils, si l'électeur vote en secret conformément à l'opinion qu'il professe en public, l'électeur n'a besoin d'aucune protection, le vote secret devient inutile ; il vaut mieux être franc et loyal et voter publiquement. Nous l'accordons, mais est-il nécessaire qu'un électeur affiche par son vote, ses opinions personnelles ? Cette franchise peut présenter de grands inconvénients pour ceux dont l'indépendance est incomplète. En tout cas, il nous paraît exagéré de venir dire que le scrutin secret ne protège que l'indépendance des hypocrites et des traitres. « Ce serait une grande méprise, dit Stuart Mill, d'introduire dans la discussion, des phrases sur la sournoiserie et la poltronnerie. » D'autre part, cette faute qu'on reproche à l'électeur de voter en secret contre l'opinion qu'il professe en public, pour plaire à ceux dont il dépend, est-elle aussi grave qu'on veut bien le dire ? En quoi consiste-t-elle cette culpabilité morale de l'homme qui trompe une surveillance en votant secrètement contre le parti auquel publiquement il se dit dévoué. Assurément on ne peut lui reprocher de voter selon son opinion réelle : ce qu'il faut flétrir, ici, ce n'est pas la partie secrète, mais la partie publique de sa conduite. Cet électeur ment, c'est incontestable ; il affiche publiquement, par intérêt peut-être, des opinions qu'il n'a pas : voilà l'acte répréhensible. Qu'arriverait-il si le vote était public ? Cet homme cesserait d'être hypocrite, mais voterait contre sa conscience.

Malgré les arguments de droit et de fait que nous ont proposés les partisans du vote public, nous ne croyons pas que cette procédure puisse être suivie dans nos législations modernes. La grande majorité des citoyens est placée sous la dépendance de certaines personnes, qui les obligent parfois à voter dans des vues intéressées. Le scrutin secret les protège contre ces abus d'influence, et s'il ne détruit pas la corruption, du moins il l'entrave. Le scrutin public suppose, pour son exercice régulier, une moralité politique que nous sommes loin d'atteindre. Cette procédure présente beaucoup plus d'inconvénients que d'avantages ; aussi, et c'est là un argument très solide en faveur du vote secret, la plupart des législations qui l'avaient adoptée, l'ont presque toutes aujourd'hui abandonnée.

TITRE DEUXIÈME

ÉTUDE HISTORIQUE

Avant d'étudier, au point de vue spécial du secret du vote, la législation électorale moderne, il nous a paru intéressant de jeter un coup d'œil sur les divers modes de votation admis chez les Anciens.

Cet examen nous permettra de constater que les procédés actuellement en usage se retrouvent chez eux, plus primitifs, plus grossiers sans doute, et que les mêmes dangers et les mêmes préoccupations les ont également entraînés dans la voie des innovations. Des formes simples, ils ont passé graduellement, avec l'accroissement des citoyens et la décadence de l'esprit public, aux procédés compliqués et minutieux. Les électeurs n'y trouvèrent pas des garanties efficaces : avec la domination romaine, les Athéniens perdirent leur indépendance et à Rome même, la liberté s'effondra dans la toute puissance des Empereurs.

Sparte et Athènes. — Les renseignements que les historiens nous laissent sur la manière de voter en Grèce sont très incomplets. Des fragments de Thucydide et de Plutarque, des inscriptions sont les seules sources auxquelles l'historien a pu puiser.

A Sparte, chaque mois, à date fixe, le peuple se
réunissait, sans convocation spéciale, sous la présidence
des rois et des sénateurs. Après la proposition et la
discussion de la loi, la majorité manifestait son opinion
par des acclamations bruyantes, et si celle-ci n'appa-
raissait pas nettement, les assistants se divisaient en
deux groupes que l'on comptait (1). S'agissait-il
d'élections politiques, les principaux de la cité s'enfer-
maient dans une maison voisine de *l'Apella*, d'où
ils pouvaient entendre sans voir, ni être vus. Les
candidats, dans l'ordre fixé par le sort, passaient tour
à tour au milieu de la foule qui manifestait sa sympathie
par des acclamations plus ou moins bruyantes. L'intensité des clameurs dictait aux arbitres leur décision ; les
candidats qui avaient soulevé les acclamations favorables les plus nombreuses étaient proclamés élus (2).
Cette façon de procéder était peu sérieuse et peu
précise. La partialité rendait parfois les oreilles des
arbitres sourdes et insensibles aux acclamations de
la foule ; en réalité, l'élu était choisi par ces arbitres.
Ce mode bizarre de votation fut une des causes de la
décadence des assemblées du peuple.

Chez les Athéniens, le vote se faisait ordinairement
à main levée. Le peuple se réunissait à l'origine à
l'*Agora*, puis sur le *Pnyx* et enfin au théâtre de
Dyonysos. Les cérémonies religieuses terminées, un
héraut demandait si personne ne réclamait la parole ;
on passait alors au vote qui se faisait à mains levées.
Ce mode de votation n'était pas le seul. Lors des assem-

(1) Thucydide, Livre I, p. 87.
(2) Plutarque, Lyc. 26.

blées plénières, ou quand il s'agissait de questions importantes ou personnelles, l'élection se faisait au scrutin secret. Deux urnes, l'une pour recueillir les votes pour, et l'autre les votes contre, étaient mises à la disposition des électeurs qui votaient à l'aide de tessons ou de fragments de coquillages.

A Rome. — Les assemblées populaires romaines, *comitia*, avaient des attributions très diverses, politiques, législatives, judiciaires. Dans l'ordre politique, les *comitia centuriata* nommaient les consuls, les prêteurs et les censeurs, — les *comitia tributa* élisaient les tribuns, les édiles, les questeurs et les magistrats inférieurs. Dans ces deux assemblées, à part quelques différences peu sensibles, les votes étaient recueillis de la même manière. Pour les élections politiques, la propagande très active qui avait précédé le scrutin avait déjà suffisamment mis en lumière les qualités et les défauts des candidats pour qu'il fut besoin de *suasio et de dissuasio*.

Le président de l'assemblée, après avoir dit des prières publiques, s'adressait aux citoyens et leur demandait « s'ils voulaient et prescrivaient que les personnes qu'il avait présentées fussent investies de la magistrature ». Le vote avait lieu ensuite.

Le vote ayant lieu par classe et dans chaque classe par tribu, la réunion de ces divers groupes nécessitait un emplacement considérable. Sur le champ de mars était construit un vaste enclos appelé *saepta ovilia*. « De forme rectangulaire, plus long que large, il était divisé dans le sens de la longueur par des barrières, *consaepta*, en autant de compartiments séparés qu'il y avait de sections à voter simultanément, par conséquent pour les comices par centuries en quatre-vingt-un et plus tard quatre-vingt-deux compartiments, pour les assemblées qui votaient par tribu en trente-cinq. Chaque section était mise en communication avec le tribunal sur lequel se trouvait le président, par une estrade située devant ce tribunal à la même hauteur que lui et reliée elle-même à chaque compartiment par un escalier dont la sortie assez étroite débouchait sur elle et appelé le *Pons* (1). »

Sur l'invitation du président les non-électeurs se retirent et les citoyens électeurs se répartissent chacun dans leur section. Les barrières sont fermées ; ceux-là seuls peuvent voter qui sont entrés dans *l'ovile* ; dès lors les votes multiples ne sont pas à craindre. De son estrade, le président appelle les électeurs *ire in suffragium* ; un à un ils défilent sur le *Pons* devant les *rogatores*. Ceux-ci, choisis par le président du scrutin, de préférence parmi les chefs de centuries ou de tribus suivant la nature des comices, interrogent dans chaque section de vote, les citoyens à leur sortie de l'enclos. L'électeur prononce le nom du candidat de son choix devant le *rogator* qui note chaque suffrage sur un tableau au moyen d'un point tracé en regard du nom de chaque candidat. Les *ovilia* formées à l'origine par des cordes et des barrières, furent remplacées sous Jules-César par de superbes constructions en marbre ; elles furent seulement achevées sous Auguste *(Saepta Julia)* au moment où précisément les comices perdaient

(1) Monsen. — *Droit public romain*, tome VI.

toute signification politique. Marius fit également
rétrécir les passages du *Pons* pour empêcher les
sollicitations et les actes de pression des hommes
influents ou des courtiers électoraux qui se pressaient
autour des électeurs.

Ces précautions et des lois sur la brigue furent
impuissantes à réprimer la corruption et la fraude
dont une populace indolente et pauvre savait si bien
tirer profit. Possible dans les premiers temps de la
république romaine, alors que l'État était peu étendu
et les électeurs peu nombreux, ce mode de votation
devint dans la suite l'occasion de brigues, de tumultes
et de violences.

On comprit le besoin d'une réforme. Mais les Romains,
toujours fidèles à leurs vieux usages et plutôt portés
par leurs mœurs politiques à un régime de publicité,
semblent n'avoir abandonné qu'à regret leur ancienne
législation. Vers la fin du IIe siècle avant Jésus-Christ,
sur la propositions des tribuns du peuple, des lois
appelées *tabellariae* établirent le scrutin secret. Il ne
fallut pas moins de quatre lois pour en étendre la
pratique à tous les comices, comices politiques, légis-
latifs ou judiciaires.

Les électeurs toujours réunis dans les *Saepta*,
recevaient des appariteurs du magistrat, de petites
tablettes enduites de cire. Un à un, ils passaient sur le
Pons et remettaient à ce moment dans des corbeilles,
en présence des *rogatores*, les tablettes sur lesquelles
ils avaient écrit ou fait écrire le nom du candidat.
M. Boissier (1) est d'avis que les tablettes étaient

______

(1) *Revue des Deux Mondes*, 1er novembre 1881, p. 61.

remises à l'entrée du *Pons* et que c'est à l'autre extrémité donnant accès à *l'ovile* que les électeurs déposaient leurs tablettes dans les corbeilles.

Le dépouillement était fait dans un local spécial, *diribitorium,* par des scrutateurs, *diribitores*, sous la surveillance de personnages importants désignés, soit d'office, soit par le candidat. Le dépouillement terminé, les tablettes étaient conservées pour être vérifiées s'il venait à se produire un procès de brigue.

Il est intéressant de savoir pourquoi les Romains adoptèrent à l'origine le scrutin public. Cela tient à la conception toute particulière et très originale qu'ils se faisaient du suffrage. Pour eux, c'était la réponse du citoyen à la question posée par le magistrat président de l'assemblée. Le peuple romain, à lui seul, ne peut exercer sa souveraineté ; comme un simple citoyen, il est dépourvu d'initiative, il lui faut une assistance, un magistrat qui vienne mettre en mouvement l'exercice de sa puissance. Le magistrat demande au peuple s'il veut ou prescrit que la personne qu'il a désignée, lui, président, reçoive la magistrature. Les citoyens lui répondent devant les *rogatores* par le nom du candidat de leur choix. « Une résolution du peuple, dit Momsen, ne peut être un acte unilatéral ; comme tout traité valable, elle se compose d'une question adressée par le magistrat aux citoyens et de la réponse par oui ou par non (1). »

Avec cette notion du suffrage, le vote à main levée ou par bulletin ou par tesson était inconciliable. Aussi on comprend, et il ne pouvait en être autrement, que

(1) Momsen. — *Droit public romain,* tome **VI**.

les scrutins fussent publics. L'opinion de Walter, d'après laquelle les votes étaient exprimés à l'aide de petits cailloux, doit donc être rejetée : elle s'appuie sur une étymologie d'ailleurs très douteuse du mot *suffragium* et on ne s'expliquerait pas comment on aurait abandonné l'usage des cailloux pour adopter le vote verbal et revenir ensuite au scrutin secret.

Chez les Germains. — Chez les peuples d'origine germanique tout homme libre avait le droit de se rendre en armes à l'assemblée. Ces réunions étaient tumultueuses et bruyantes, et c'est au milieu de l'agitation que les amis du guerrier qui semblait avoir le plus de chance d'être élu, l'élevaient sur un bouclier pour le promener autour du camp. Cette démonstration était accueillie par des moqueries, des hourrahs, des clameurs, des cliquetis d'armes. Il était difficile de se méprendre sur leur signification.

Vers le VIe ou VIIe siècle, après l'établissement définitif et héréditaire des rois mérovingiens, les élections n'eurent plus leur signification primitive. Les élections proprement dites n'avaient lieu qu'à défaut d'hérédité — c'est ainsi que Clovis fut élu roi à Tournai. — En cas de succession normale au trône, elles n'étaient plus qu'une cérémonie d'installation, et une occasion pour les sujets de faire acte d'obéissance au roi dès son avènement. (1)

Ancienne France. — Sons l'ancienne monarchie, aucune règle fixe ne détermine la forme des élections

(1) Fustel de Coulanges. Histoire des institutions politiques de l'ancienne France, page 52.

dans les cas assez rares où on y procédait. Elles étaient faites suivant des usages très divers, peu précis et souvent mal observés. Notamment pour les États Généraux, les ordonnances de convocation ne nous fournissent aucun renseignement précis sur la manière dont on procédait au vote ; elles renvoient purement et simplement aux usages reçus : « Nous enjoignons, dit l'arrèt de convocation des Etats de Blois (1588), de convoquer et assembler dans le plus bref délai que se pourra, tous ceux des trois États de votre ressort, ainsi qu'il est accoutumé de faire et que ci-devant s'est observé en cas semblable..... et ce fait, choisir et nommer un d'entre eux de chaque ordre selon qu'il est accoutumé..... »

En 1788, à la veille des États Généraux, un arrèt du Conseil du Roi déclarait qu'après plusieurs mois de recherches « il avait été impossible de constater de façon positive la forme des élections, non plus que le nombre et la qualité des électeurs et des élus, les conditions ayant varié suivant les temps et les lieux».....

Généralement, les élections aux États Généraux se faisaient de la manière suivante. Un mois avant la tenue des États, le roi adressait des lettres de convocation aux Gouverneurs de province, qui les transmettaient aux Baillis et aux Sénéchaux. Ceux-ci les notifiaient aux ecclésiastiques ayant droit de vote, aux nobles et aux municipalités de leur juridiction.

Les notables de la commune étaient convoqués pour rédiger les cahiers et envoyer l'un d'entre eux à l'assemblée du grand baillage. La noblesse et le clergé choisissaient aussi chacun leur délégué.

Au jour fixé, au grand baillage, les délégués des trois ordres procédaient séparément à la rédaction définitive des cahiers et à l'élection des députés aux États-Généraux. Les électeurs votaient après avoir prêté serment d'élire « des personnes de mérite et probité, affectionnées au service du roi et au bien de l'État..... »

Les élections graduelles se faisaient le plus souvent à haute voix ; les élections définitives des députés, au scrutin secret. Cependant, en Bretagne et dans le Midi, du moins lors des élections de 1789, on se servit de bulletins, même pour les élections primaires. Dans les petites communes, on créa même des écrivains jurés pour inscrire les votes. En Languedoc, les électeurs remettaient aux syndics généraux, dans un bonnet que ceux-ci leur tendaient, leurs bulletins étant pliés et cachetés du sceau de leurs armes. Après le dépouillement, les bulletins étaient brûlés au milieu de la salle « pour qu'on ne vit pas l'écriture du votant ».

Le rapide coup d'œil que nous venons de jeter sur la législation de notre ancien droit, nous permet de constater qu'à cette époque, on n'attachait guère d'impartance aux procédés électoraux. L'uniformité n'était pas considérée comme une garantie de la régularité des opérations : elles avaient lieu tantôt à haute voix, tantôt au moyen de bulletins. Il importait peu d'ailleurs, que les votes fussent secrets ou publics ; les élections manquaient le plus souvent de sincérité et de liberté. L'influence des seigneurs et du clergé enlevait toute indépendance aux électeurs.

TITRE TROISIÈME

LÉGISLATION FRANÇAISE

A la suite de l'introduction du suffrage universel, après quelques années d'expérience et d'épreuve, le législateur sentit la nécessité de refondre nos lois électorales. Le 2 février 1852, parurent deux décrets : l'un organique, l'autre réglementaire, qui forment encore aujourd'hui la base de notre législation.

Les lois postérieures, du moins en ce qui nous concerne, n'ont fait que les reproduire. Le décret organique, dans son article 3, affirme le principe déjà reconnu et pratiqué du secret du vote. Dans le décret réglementaire, art. 21, 22, 30 et 31, le législateur développe sa pensée et formule certaines règles destinées à le garantir (1).

(1) Décret organique : Art. 3. — ..... Le scrutin est secret.

Décret réglementaire : Art. 21. — ..... Ils (les électeurs) apportent leurs bulletins préparés en dehors de l'assemblée. Le papier doit être blanc et sans signes extérieurs.

Art. 22. — A l'appel de son nom, l'électeur remet au président son bulletin fermé. Le président le dépose dans la boite du scrutin, laquelle doit, avant le commencement du vote, avoir été fermée à deux serrures, dont les clefs restent, l'une entre les mains du président, l'autre en les mains du scrutateur le plus âgé.

Art. 30. — Les bulletins blancs, ceux ne contenant pas une désignation suffisante ou dans lesquels les votants se font connaître, n'entrent point en compte dans le résultat du dépouillement, mais ils sont annexés au procès-verbal.

Art. 31. — Immédiatement après le dépouillement, le résultat du scrutin est rendu public, et les bulletins autres que ceux qui, conformément aux articles 16 et 30 doivent être annexés au procès-verbal, sont brûlés en présence des électeurs.

Pour conserver intact le secret, l'électeur doit préparer en dehors de l'assemblée son bulletin qui ne doit porter aucun signe de reconnaissance ; les bulletins remis fermés dans une urne à double serrure, sont brûlés immédiatement après le dépouillement du scrutin.

Ces dispositions donnent à l'électeur des garanties très sérieuses, mais il s'en faut de beaucoup qu'en fait, la protection soit suffisante et efficace. La loi est trop souvent violée, détournée. Nous verrons, dans l'étude qui va suivre, que les garanties données par le législateur, par suite de l'interprétation qu'on en a faite, sont absolument illusoires et notoirement insuffisantes.

Dans le chapitre I, nous rechercherons les caractères du secret du vote. La préparation des bulletins (distribution, préparation), les divers signes de reconnaissance (bulletin de couleur, signes intérieurs et extérieurs) feront l'objet des chapitres II et III. Nous nous occuperons dans le chapitre IV des garanties accessoires, notamment de l'urne ; enfin dans un V et dernier chapitre, nous passerons en revue, avec les moyens de les combattre, les principales fraudes électorales.

CHAPITRE Ier

LE SECRET DU VOTE. — SES CARACTÈRES.

Le secret est la condition indispensable d'un vote indépendant, qui soit l'expression exacte de l'opinion de l'électeur. Aussi est-ce une des garanties à laquelle nous devons tenir le plus.

Le secret s'impose à tous les électeurs : il n'appartient à personne d'y renoncer. Le secret doit être respecté, non seulement parce que la loi nous en fait une obligation, mais encore parcequ'il concerne la collectivité et garantit ses droits. Le compromettre ce n'est pas seulement se dérober à la loi, se nuire à soi-même, mais c'est encore nuire aux intérêts, aux droits, aux libertés d'autrui. Nous nous devons à nous-mêmes de respecter le secret, non seulement pour nous, dans notre intérêt personnel, mais dans l'intérêt des autres électeurs. Nous n'avons pas seulement la garde et la défense de notre propre liberté. En cette question nous sommes tous solidaires ; le mal que nous nous faisons à nous-mêmes se répercute sur nos concitoyens. En sacrifiant sa propre indépendance, l'électeur compromet celle des autres. Rien de plus facile, dans les communes rurales, de savoir à qui tel ou tel a donné sa voix, si sur un petit nombre d'électeurs, plusieurs se sont fait connaître. Le secret n'est pas un droit dont nous pouvons user et que nous pouvons mesurer à notre fantaisie : c'est une obligation d'ordre public.

Le secret du vote, si utile pour garantir les droits et l'indépendance des minorités, est parfois nécessaire pour protéger certaines majorités. Quelques unes y ont trouvé une sauvegarde et un refuge. Des minorités puissantes par l'audace, la violence ou l'argent, ont parfois réussi à troubler et même à conduire des majorités paisibles. On a souvent parlé de la tyrannie cléricale, de la tyrannie patronale ; on oublie, trop souvent aujourd'hui, la tyrannie socialiste. Des meneurs audacieux réussissent à violenter par la peur et l'intimidation, le vote de populations pacifiques et calmes.

L'interprétation que nous venons de donner, à savoir que l'électeur ne peut sacrifier à sa guise le secret de son vote, est rigoureusement conforme à l'esprit de la loi et s'appuie sur des textes formels.

L'article 22 du décret réglementaire prohibe le vote à bulletin ouvert ; l'article 30 du même décret déclare nul le bulletin dans lequel l'électeur s'est fait connaître. Ces deux dispositions interdisent d'une manière formelle la révélation du vote par le votant et viennent confirmer l'exactitude de notre doctrine, en dépit des objections qu'on a soulevées.

L'électeur, a-t-on dit, est libre, après comme avant le scrutin, de déclarer pour qui il a voté ; s'il est suffisamment courageux, il peut manifester son opinion à quelque moment que ce soit. Prohiber ces déclarations d'une manière absolue, c'est empêcher la révé-

lation de détournements frauduleux de bulletins, c'est
laisser impunies des fraudes électorales. Ces objections
très sérieuses sans doute, ne doivent pas faire oublier
que de pareilles déclarations sont le plus souvent
inexactes et surtout peu spontanées. Sous la pression,
les menaces et les promesses, des électeurs déclarent
avoir voté pour tel candidat, alors qu'en réalité, ils ont
voté contre lui. Comment prouver que l'électeur a bien
voté pour le candidat qu'il désigne? Nous n'avons pas,
comme en Angleterre, des bulletins numérotés qui permettent le contrôle au cas de contestation. Ces déclarations de vote sont souvent données par complaisance ou
par crainte et ne sont susceptibles d'aucune preuve. Ne
sont-elles pas le fait d'un électeur qui, précisément
pour garder le secret, proteste au nom d'un candidat
contre lequel il a peut-être voté ?

Le caractère absolu du principe que nous défendons
est rigoureusement admis par le Parlement et le Conseil
d'État. Le Corps Législatif (*Monit.*, 10 novembre 1863,
p. 1327) a décidé, que toute attaque contre une élection,
reposant sur la déclaration d'électeurs, affirmant qu'ils
ont voté dans un sens plutôt que dans un autre, peut
avoir des inconvénients graves et doit être écartée. « Une
semblable protestation ne pourrait pas aboutir, puisqu'il
s'agit d'une circonstance que la loi elle-même a voulu
entourer de mystère, en prescrivant le secret du vote. »

Le Conseil d'État a aussi rejeté, et pour les mêmes
motifs, les moyens de preuve appuyés sur la déclaration d'électeurs. « Est inadmissible toute preuve tendant
à établir qu'une liste non élue a obtenu plus de voix
qu'il lui en est attribuée » (Cons. d'État, 8 mars 1890.

Dans diverses élections, les procès-verbaux de recensement donnaient à un candidat un chiffre de voix inférieur au nombre d'électeurs qui déclaraient avoir voté pour lui. Ces protestations ont toutes été rejetées. « Les requérants, dit le Conseil d'État, ne sauraient se prévaloir de ces déclarations : l'examen de ces griefs violerait manifestement le secret du vote. » (Cons. d'État, 28 janvier 1881, 7 décembre 1883, 11 février, 10 juin 1893). Les déclarations d'électeurs affirmant avoir voté pour un candidat, ne peuvent être produites utilement devant le juge de l'élection, à l'appui d'une protestation. Ces dires dont la sincérité ne peut être vérifiée, constituent une violation du secret du vote. (Cons. d'État, 22 juillet 1887, etc., etc., 27 juillet 1894). Les électeurs doivent garder leur vote secret, ils ne peuvent le manifester, soit au moment de l'émission, soit au dépouillement.

Ces diverses déclarations n'entraînent pas nécessairement la nullité du scrutin ; il en est ainsi notamment lorsque les déclarations ont été faites dans une seule commune et par un nombre restreint d'électeurs. La lecture a haute voix d'un bulletin par son auteur, dans la salle de vote, a été regardée comme sans influence sur le résultat de l'élection. (Cons. d'État, 20 mars 1885). Ces bulletins doivent même entrer en ligne de compte, ainsi que le décide le Conseil d'Etat, pour le cas où un électeur, au moment du dépouillement, s'est déclaré l'auteur d'un bulletin. Il n'y aurait pas lieu d'appliquer l'article 30 du décret réglementaire. (Cons. d'État, 23 décembre 1892).

Au contraire, si ces déclarations étaient nombreuses,

s'il y avait manœuvre caractérisée, violation prémé-
ditée de la loi, atteinte évidente à la sincérité du
scrutin, l'annulation serait prononcée. Le Conseil
d'État a décidé que la présence d'un huissier ou d'un
notaire à la porte de la salle de vote, ou dans les
environs, pour recevoir la déclaration d'un assez
grand nombre d'électeurs, constitue une atteinte à la
sincérité des opérations électorales, de nature à les
faire annuler.

Avant d'entrer dans le vif de notre étude, il nous a
paru indispensable de bien préciser le caractère de la
garantie donnée par la loi. Ainsi des raisons très fortes
appuyées par des textes, nous amènent à dire : que le
secret du vote est obligatoire et nullement facultatif.

S'il en était autrement, si l'électeur pouvait impunément violer la loi, les précautions prises par elle,
deviendraient sans objet. Les garanties que le législateur nous aurait offertes, n'auraient été qu'un leurre.

Mais, le principe est-il absolu au point de devoir être
rigoureusement suivi devant toutes les juridictions ?

Les tribunaux administratifs n'admettent sous
aucun prétexte la divulgation du secret du vote. Les
tribunaux répressifs, ne pourraient-ils pas recevoir le
témoignage d'électeurs ? La question s'est posée.
Résolue négativement par le tribunal de Corte
(30 avril 1881), affirmativement par la cour de Bastia
(5 août 1881. — Sirey 82-2-209, voir la note de
M. Esmein), elle a été définitivement tranchée dans un
sens mixte par la cour de Cassation (28 juillet 1882)
(Sirey 84-1-399). Celle-ci décide que les tribunaux
répressifs peuvent entendre comme témoins des élec-

teurs, pourvu que cette mesure n'ait pas pour effet de porter atteinte au secret des votes.

Les membres d'un bureau de vote avaient été traduits devant le tribunal correctionnel, sous l'inculpation de soustraction de bulletins. La partie civile avait cité des témoins dans le seul but de leur faire déclarer pour quels candidats ils avaient voté; elle espérait ainsi démontrer la soustraction frauduleuse des suffrages. Les prévenus s'opposèrent à l'admission de cette preuve et le tribunal de Corte leur donna gain de cause. Une semblable déclaration, disait-on, constituerait une violation manifeste du secret du vote, principe d'ordre public auquel on ne peut renoncer. Le rôle du Tribunal consiste à recueillir les dispositions des témoins à l'effet de prouver la culpabilité, mais non à constater si les amis de la partie civile ont obtenu plus ou moins de suffrages.

Cette vérification pourrait d'ailleurs entrainer des décisions contradictoires entre l'autorité administrative qui aurait validé l'élection, et le tribunal répressif qui aurait puni les auteurs des fraudes.

La crainte d'une semblable éventualité ne nous paraît pas une raison suffisante : le decret organique, dans son article 51 suppose cette contrariété de jugements (1). D'autre part, s'il est vrai que les tribunaux administratifs repoussent tout moyen de preuve appuyée

---

(1) Décret organique : Art. 51. — La condamnation (d'un crime ou d'un délit prévu par le decret) s'il en est prononcée, ne pourra en aucun cas avoir pour effet d'annuler l'élection, déclarée valide par les pouvoirs compétents ou dûment définitive par l'absence de toute protestation régulière, formée dans les délais voulus par les lois spéciales.

sur des déclarations d'électeurs, il est bon de faire remarquer que cette jurisprudence s'applique en matière purement administrative. Devant le tribunal correctionnel, il s'agit de réprimer des infractions à la loi électorale. La question à juger est donc différente, suivant qu'elle est posée devant l'une ou l'autre juridiction. Les modes de preuve peuvent donc varier : les témoignages refusés en matière administrative dans la question de validité, peuvent être reçus en matière répressive dans la poursuite des délits. En matière pénale, tous les modes de preuves non prohibés par un texte formel, doivent être admis. D'ailleurs l'article 39 du décret organique (1) suppose la divulgation des suffrages. Comment punir ceux qui ont entrainé l'abstention des électeurs ou influencé leurs votes, si on repousse les déclarations de ceux qui ont été circonvenus. Il faut bien arriver à la manifestation de la vérité et à la punition des coupables. L'intérêt social commande de ne pas rejeter d'une manière absolue le témoignage des électeurs.

Malgré ces excellentes raisons, l'arrêt de la Cour de Bastia a été réformé par la Cour suprême. Cette dernière décision est en parfaite conformité avec la jurisprudence du Conseil d'État. Les tribunaux saisis d'une poursuite pour fraude, ont le droit d'entendre comme témoins des électeurs de la commune où le fait s'est

---

(1) Art. 39. — « Ceux qui, par voies de fait, violences ou menaces contre un électeur, soit en lui faisant craindre de perdre son emploi ou d'exposer à un dommage sa personne, sa famille ou sa fortune, l'auront déterminé à s'abstenir de voter ou auront influencé son vote, seront punis d'un emprisonnement d'un mois à un an et d'une amende de 100 à 1.000 francs ; la peine sera du double si le coupable est un fonctionnaire public. »

passé, mais à la condition que cette déclaration n'ait pas pour effet de porter atteinte au secret du vote. Les fraudes ne restent pas impunies ; des témoins peuvent être cités. Ceux qui auront assisté aux faits délictueux ou entendu les menaces ou les promesses, ceux-là aideront la justice de leurs déclarations. Mais ce que la loi ne permet pas, c'est que des électeurs viennent dire : moi, j'ai voté dans tel sens, mon intention était de voter pour tel candidat et j'en ai été empêché par des menaces, etc. A de semblables déclarations, la loi impose silence, et avec raison. Il faut se défier de ces aveux. Le plus souvent mensongers ou intéressés, ils trahissent le secret des autres électeurs.

En résumé, dans aucun cas, même pour témoigner dans une instance correctionnelle, on ne peut porter atteinte au secret du vote. Le principe est donc absolu : le vote d'un électeur doit toujours rester secret.

CHAPITRE II

PRÉPARATION DES BULLETINS

SECTION Iʳᵉ

PRÉPARATION DES BULLETINS HORS DE LA SALLE DE VOTE

Pour protéger l'électeur, dès le premier acte de la procédure électorale, la loi lui ordonne de se présenter dans la salle de vote avec un bulletin préparé à l'avance. « Les électeurs apportent leur bulletin préparé en dehors de l'assemblée », dit l'art. 21 du décret réglementaire.

Avant l'introduction du suffrage universel, l'électeur devait rédiger lui-même son vote dans la salle du scrutin. Il trouvait dans cette formalité la garantie de son indépendance.

Aujourd'hui, les exigences de la loi sont inverses. La règle est que les bulletins doivent être préparés en dehors de l'assemblée. Ce changement s'explique. L'électeur censitaire, déjà indépendant par sa situation de fortune, trouvait une garantie très sérieuse dans l'obligation d'écrire lui-même son bulletin sur une table séparée du bureau. Les sollicitations dont il avait été l'objet, l'influence des membres du bureau devant lequel il se présentait, n'empêchaient pas qu'il ne restât maître de son vote et libre d'écrire à l'abri des regards le nom du candidat préféré.

La loi de 1848, qui accordait le suffrage à la masse des citoyens, ne pouvait, sans priver de leur droit un grand nombre d'électeurs, imposer l'obligation d'écrire les bulletins. On devait permettre, et c'est devenu la pratique générale, les bulletins imprimés. En autoriser la préparation dans la salle du scrutin, c'était enlever toute garantie, toute liberté aux électeurs timides et dépendants. Exposés aux regards inquisiteurs des membres du bureau, violentés, harcelés par les agents des candidats, ils auraient souvent été contraints de déposer dans l'urne un bulletin qu'ils n'approuvaient pas. L'obligation de préparer les bulletins au dehors les soustrait en partie aux influences immédiates, auxquelles ils ne pourraient peut-être pas résister. En toute liberté, les électeurs ont pu préparer leur bulletin chez eux et à supposer qu'on leur en ait remis un de force, en cours de route, ils pourront le rejeter. Fermes, résolus, sans avoir à craindre une influence invincible, ils remettent au président du bureau le bulletin de leur choix.

Tous les électeurs ne veulent pas profiter de ces garanties, et il s'en rencontre quelques-uns qui préparent leur vote dans la salle du scrutin. Cette façon de procéder constitue une infraction évidente à la loi, mais elle ne vicie pas nécessairement l'élection. Le législateur se contente de formuler une obligation sans la sanctionner. Ce qu'il veut, c'est assurer le secret du vote. A ses yeux, la préparation en dehors de l'assemblée est le meilleur moyen de le garantir, mais il ne pouvait déclarer que ce fut le seul. Aussi, dès lors que le secret est gardé, alors même que l'électeur aurait préparé son bulletin dans la salle du vote, son vœu est satisfait et la nullité ne saurait suivre. Une décision contraire devrait intervenir, s'il était avéré que les électeurs ont préparé leur bulletin dans la salle de vote, dans le but de le faire connaître, et encore faut-il que le secret ait été violé et que ces infractions soient assez nombreuses pour influencer le résultat de l'élection. (Cons. d'État, 28 février 1856 ; 17 avril 1861.)

Bien plus, la préparation des bulletins dans la salle de vote par un membre du bureau, n'est pas de nature à entrainer la nullité, s'il ne résulte pas de l'enquête, que cette intervention ait eu pour résultat de porter atteinte à la liberté et à la sincérité du vote. Le Conseil d'Etat exige que les actes de pression soient bien caractérisés et qu'ils se soient exercés sur un grand nombre d'électeurs.

Distribution et Dépot

Des termes même de la loi, il résulte implicitement qu'il est défendu de distribuer ou de déposer des bulletins dans la salle de vote.

Si cette distribution et ce dépôt étaient tolérés, l'indépendance des électeurs serait gravement compromise. La présence de courtiers électoraux ou de porteurs de bulletins enlèverait aux opérations tout le calme et la solennité qu'elles doivent revêtir. Les distributeurs de bulletins ont le droit de stationner aux abords de la salle de vote, dans les escaliers et corridors y attenant. Cette dernière tolérance doit se concilier avec les dispositions des lieux et le bon vouloir du président. Il est plus digne et plus convenable de n'admettre les porteurs de bulletins qu'à l'entrée de la salle.

D'une manière générale, ainsi que le décide la jurisprudence parlementaire et administrative, la distribution à l'intérieur des salles de vote, n'est pas nécessairement une cause de nullité. La seule inexécution des prescriptions, exigées par la loi pour préserver la liberté des électeurs, n'est pas une cause suffisante d'annulation. Le Conseil d'Etat exige que les infrac-

tions soient bien caractérisées, qu'elles aient eu
pour but ou pour effet de porter atteinte au libre
exercice du droit de vote et d'influencer le résultat de
l'élection. (Cons. d'Etat, 5 août 1881). Tout dépend
des circonstances de la cause : telle distribution de
bulletins faite par le secrétaire du bureau, dans la
salle même, mais sans pression, n'a pas suffi à
entraîner la nullité. (Cons. d'État, 4 juin 1875, —
7 août 1875). Il pourrait même en remettre un tout
préparé si l'électeur lui en avait fait la demande.
(Cons. d'État, 6 mars 1885). Au contraire cette distribution serait de nature à vicier l'élection, si les électeurs, qui ont reçu les bulletins avaient été empêchés
de voter pour les candidats de leur choix. (Cons. d'Etat,
24 décembre 1892.)

Si, au lieu de distribuer des bulletins on se con-
tenter de les déposer dans la salle, il ressort *a fortiori*
des décisions que nous venons de mentionner que cette
attitude passive ne saurait non plus être un motif nécessaire d'invalidation. Cependant ce dépôt constitue parfois
un mode de pression très énergique et une manière
de connaître les votes ; c'est une sorte d'offre imposée.
Les électeurs ainsi surveillés n'osent prendre le bulletin du candidat qui ne plaît pas aux membres du
bureau. Dans ce cas, cette irrégularité, si elle atteint
plusieurs électeurs, pourrait être une cause de nullité.

En résumé, la préparation, la distribution ou le
dépôt des bulletins dans la salle de vote, ne sont pas
des griefs qui entraînent de plein droit l'invalidation ;
ce ne sont pas des nullités substantielles. La loi a
voulu sauvegarder le secret du vote et l'indépendance

de l'électeur ; il suffit que le but du législateur ait été atteint, que le secret ait été respecté, pour que malgré les irrégularités, l'élection soit inattaquable. La nullité sera au contraire prononcée, si ces infrac-tions suffisamment caractérisées ont eu pour but ou pour effet de surprendre le vote d'un nombre respectable d'électeurs et de porter atteinte à la liberté et à la sincérité du scrutin ; parfois même on a exigé que des réclamations se soient élevées au cours même des opérations. (Cons. d'État, 13 mars 1885. — 25 janvier 1889).

CHAPITRE III

SIGNES DE RECONNAISSANCE

SECTION Ire

PRINCIPES GÉNÉRAUX

Après avoir préparé son vote hors de l'assemblée, l'électeur entre dans la salle du scrutin, donne sa carte au président du bureau et lui remet son bulletin.

Si le législateur a jugé bon de protéger l'électeur lors de la préparation de son bulletin, à plus forte raison devait-il garantir le secret du vote dans sa manifestation. L'aspect d'un bulletin contribue à le conserver.

Ni l'intérieur, ni l'extérieur d'un bulletin ne doivent laisser connaître ou même soupçonner ce qu'il contient ni rappeler quand on l'ouvrira, le nom de celui qui l'a déposé. L'électeur n'a pas le droit de faire connaître son vote, soit lors de sa remise par des signes extérieurs, soit au moment du dépouillement par des signes intérieurs. En un mot, la loi lui interdit tout signe de reconnaissance.

Cette double défense résulte de textes formels. L'article 21, paragraphe 3, prohibe les signes extérieurs: « Les bulletins doivent être blancs et sans signes extérieurs » ; l'article 30, les signes intérieurs : « Les bulletins blancs, ceux ne contenant pas une désignation suffisante, ou dans lesquels les votants se font connaître, n'entrent point en compte dans le résultat du dépouillement, mais ils sont annexés au procès-verbal. »

Le juge de l'élection a des pouvoirs très larges pour décider si les marques dont sont revêtus les bulletins, constituent des signes de reconnaissance, et si partant, ils entraînent la nullité. Ses décisions varient dans des espèces en apparence identiques ; tout dépend des faits et des circonstances. Au juge d'apprécier si ces signes sont intentionnels et ont été apposés dans le but de trahir le secret du vote. Des bulletins marqués, déposés en grand nombre dans l'urne, sont ordinairement l'indice d'une manœuvre frauduleuse.

Ces bulletins, bien qu'ils contiennent une manifestation de volonté formelle en faveur de tel ou tel candidat, ne peuvent, à raison de l'irrégularité qu'ils portent, lui être attribués.

Ces irrégularités les affectent plus ou moins, suivant que le signe est intérieur ou extérieur : ces bulletins ne sont pas nuls au même titre. Les uns le sont d'une manière absolue, les autres d'une manière relative. Ceux portant un signe intérieur de reconnaissance sont nuls, d'une manière absolue: ils ne sont pas attribués au candidat et n'entrent pas en compte pour le calcul de la majorité (art. 30), ils constituent une atteinte trop grave au principe du secret du vote.

Les bulletins revêtus de signes extérieures ne sont pas acquis au candidat, mais comptés pour le calcul de

la majorité ; il y a là une manifestation formelle de
volonté, affaiblie sans doute par l'irrégularité du
bulletin, mais ce n'en est pas moins un vote valable en
substance. Ainsi le décide la jurisprudence par application de principes et de règles contenus dans les textes
relatifs aux opérations électorales.

Nous nous permettrons de faire remarquer que nous
ne voyons pas très bien le motif de cette différence.
Pourquoi le bulletin marqué extérieurement est-il nul
pour partie et le bulletin marqué intérieurement pour
le tout. N'y a-t-il pas dans l'un et l'autre cas une atteinte
au secret du vote? L'électeur se fait tout aussi bien
connaître que le signe soit au verso ou au recto.
L'article 21 du décret réglementaire parle des signes
extérieurs, mais ne formule pas de sanction. Nous
n'avons qu'un texte qui prononce une nullité, l'art. 30,
pour les bulletins dans lesquels l'électeur s'est fait
connaître, sans distinguer si le signe de reconnaissance
est intérieur ou extérieur. Ces bulletins sont nuls
pour le tout et ne sont comptés ni pour le calcul de la
majorité absolue, ni pour le calcul de la majorité relative. Pourquoi le Conseil d'Etat fait-il une distinction
que nous ne retrouvons pas dans les textes ?

Un mouvement d'opinion contre cette jurisprudence s'accentue de jour en jour. Le conseil de
préfecture du Gard (11 juin 1892) ne fait plus la
distinction : il décide que les bulletins, contenant des
signes intérieurs ou extérieurs, doivent être tenus en
compte dans le calcul de la majorité absolue (1).

(1) 11 juin 1892 *Ambroix* « considérant qu'il résulte de l'examen
des bulletins contestés et non annexés au procès-verbal, que trois
seulement doivent être tenus en compte dans le calcul de la majorité
comme contenant des *signes intérieurs ou extérieurs...* »

Une circulaire du 12 décembre 1891, relative à l'élection des sénateurs, porte que « les bulletins sur papier non blanc, ou portant des *signes intérieurs ou extérieurs* » entrent en compte pour fixer le nombre des suffrages exprimés. Ces tentatives feront peut-être changer la jurisprudence du Conseil d'État, jusqu'ici inébranlable et qui pourtant ne s'appuie sur aucune base rationnelle, ni sur aucun texte.

Selon nous, dans l'un et l'autre cas, les bulletins devraient être nuls pour le tout et ne compter, ni aux candidats, ni pour le calcul de la majorité. C'est d'ailleurs dans cet ordre d'idées, qu'une circulaire ministérielle a été rédigée, au lendemain de l'introduction du suffrage universel (27 avril 1849). Elle prescrivait aux scrutateurs de détruire les bulletins portant des signes de reconnaissance sans distinction ; elle condamnait donc à la fois le signe intérieur et le signe extérieur.

La jurisprudence du Conseil d'État conduit d'ailleurs à des résultats qui la rendent inacceptable. Les candidats qui, au premier tour, ont peu de chances de réussir, ont tout intérêt à marquer leurs bulletins de signes extérieurs. Sans doute, ils ne gagnent aucune voix, mais la majorité augmente au grand préjudice de l'adversaire contre qui a été dirigé la manœuvre ; le ballottage qui en résultera leur sera peut-être favorable.

Les irrégularités dont sont revêtus les bulletins de vote, peuvent avoir un contre coup sur l'élection elle-même. Quelle influence la nullité d'un bulletin exercera-t-elle sur la validité de l'élection ?

La violation du secret ne vicie pas nécessairement

les opérations électorales ; les prescriptions de la loi ne sont pas impératives. Aucune disposition de la loi électorale n'est ordonnée à peine de nullité ; la question de bonne foi domine les autres. Dans toutes les élections, il se glisse des irrégularités ; elles sont dues, le plus souvent, à l'ignorance ou à la négligence. Mais, si d'un fait constaté, quelque peu important qu'il paraisse, peut résulter un indice de fraude, le scrutin doit être déclaré nul. C'est la fraude surtout et avant tout qu'il faut rechercher et punir.

Des irrégularités graves, mais empreintes d'un caractère de bonne foi, n'ont pas suffi pour entraîner une invalidation. Au contraire, les marques, les signes de reconnaissance sont des griefs suffisants, s'ils sont le produit de la fraude ou le résultat d'une manœuvre ayant eu pour but ou pour effet de porter atteinte au secret du vote, à la sincérité du scrutin ou à l'indépendance des électeurs. Il n'est pas toujours nécessaire que l'effet voulu se soit réalisé : l'annulation pourra parfois être prononcée, même s'il n'est pas prouvé que réellement les fraudes ont porté leurs fruits. Si on ne connaît pas le nombre des bulletins irréguliers ou si on ne peut apprécier les limites de la manœuvre, comme alors on peut supposer qu'elle s'est étendue à toute la masse des électeurs, il y a lieu de procéder à une nouvelle élection. Le mandat électoral est trop important, trop essentiel dans une démocratie pour qu'il puisse subsister un doute sérieux sur la légitimité de son acquisition. Le nombre des irrégularités entre pour beaucoup dans les décisions du juge. Si elles affectent seulement quelques bulletins, l'élection sera maintenue ;

au contraire, si la manœuvre a été exercée sur un
certain nombre d'électeurs, et que, par suite, elle est
susceptible d'avoir changé les résultats du scrutin, la
nullité des opérations de la section s'en suivra. Au cas
où la fraude se serait étendu en dehors de ces limites,
les opérations de toute la circonscription devraient être
annulées. Ainsi, une élection législative, faite à une
grande majorité, n'est pas viciée par les irrégularités
commises dans une ou deux communes : la nullité
d'opérations partielles ne peut réagir sur celles de toute
une circonscription. Les infractions doivent affecter
plusieurs communes et revêtir un réel caractère de
gravité. Si, en attribuant au candidat non élu tous les
votes des communes où se sont passées les irrégularités,
ou si, en retranchant à l'élu ces mêmes voix, celui-ci
conserve encore la majorité, l'élection serait validée.

Il est suffisamment tenu compte, dit en substance le
Conseil d'État, des bulletins nuls, par la déduction de
ces bulletins soit de la majorité absolue, quand il
s'agit de signes extérieurs, soit de la majorité absolue
et du nombre de voix recueillies par le candidat, quand
il s'agit de signes intérieurs. S'il ne résulte pas de
l'instruction qu'il se soit produit des manœuvres de
nature à vicier l'ensemble des opérations, elles
doivent être maintenues, (Cons. d'Etat. 19 mars 1886).

En résumé, l'emploi de bulletins, paraissant irréguliers, n'est pas un grief suffisant pour entraîner
l'annulation des élections. Beaucoup de plaintes basées
sur cet emploi, ont été rejetées par le motif que le
papier était conforme à la loi : blanc sans transparence
ni saillie, ni marques ou taches intérieures etc. etc.,

et qu'ainsi il ne présentait pas un signe de reconnaissance. Ces irrégularités ont été l'objet d'un blâme
sévère, mais l'élection a été maintenue à raison de la
bonne foi des parties, du caractère purement accidentel
des irrégularités et de la majorité obtenue par le
candidat.

SECTION II

***

Bulletins de couleur

***

La couleur des bulletins constitue le signe extérieur
le plus frappant, le plus caractéristique. Aussi, le
décret réglementaire en fait-il une mention spéciale
dans son article 21, paragraphe 3. « Les bulletins
doivent être blancs. »

Cette règle semble ne devoir soulever aucune difficulté, et cependant son application est parfois délicate.
Point de discussion si le bulletin est bleu, vert ou
rouge ; la violation de la loi est manifeste. Mais, les
couleurs présentent des gammes délicates, à intervalles
rapprochés, imperceptibles. Un bulletin peut être plus
ou moins blanc ; avant d'atteindre une couleur nettement accusée, le blanc peut prendre des teintes inter-
médiaires. Ce sera toujours du blanc, mais il sera
bleuté, grisâtre ou rosé. Dès lors, quand peut-on dire
qu'un bulletin est blanc, au sens de la loi ?

En l'absence d'un type de blanc officiel, il est difficile de fixer rigoureusement la nuance du blanc
exigible. En supposant même qu'il y ait un blanc
déterminé, il serait souvent impossible de donner la
blancheur légale à tous les bulletins. La fabrication

du papier uniforme est irréalisable ; des raisons chimiques, l'influence de l'air, etc., etc., font que, dans une même cuvée, le papier peut prendre des nuances suffisamment appréciables pour les gens du métier.

Pour ce qui est de la blancheur du papier, on a proposé de se régler sur le fisc qui ne frappe d'impôt que le papier blanc, en vertu de la loi de 1872. Cette base admise par la Chambre des députés (jour. off. 16 nov. 1881, p. 2033), nous semble arbitraire et ne repose sur aucun fondement sérieux. Il est assez plaisant de laisser cette détermination à l'appréciation et au bon vouloir des agents du fisc. A notre avis, le moyen le plus logique et le plus rationel est de se référer à l'appréciation des yeux. A raison des difficultés de distinguer et d'obtenir un papier uniforme, cette détermination doit être faite dans un sens large, d'autant plus que l'électeur a peut-être choisi tel papier sans intention frauduleuse, mais uniquement pour empêcher que son bulletin ne soit reconnu. Le Conseil d'État n'interdit pas l'emploi des bulletins légèrement teintés. Ce que la loi ne veut pas, c'est que la couleur des bulletins devienne un signe de reconnaissance et un moyen de trahir le secret du vote. Tout bulletin dont la nuance ne serait pas assez accusée pour le différencier nettement d'avec un autre, doit être considéré à notre avis, comme un bulletin blanc.

Quel est le sort des bulletins de couleur ? La coloration est un signe de reconnaissance qui affecte le bulletin de nullité, mais de nullité relative seulement. Ils ne comptent pas au candidat mais entrent en ligne pour le calcul de la majorité.

Cette irrégularité peut avoir son contre coup sur l'élection elle-même ; mais elle n'en entraîne pas nécessairement l'invalidation. Il en serait autrement si l'emploi de bulletins de couleurs constituait une manœuvre et avait porté au secret et à la sincérité une atteinte assez sérieuse pour modifier les résultats. Si les bulletins des candidats étaient coloriés, mais de couleur identique, on ne pourrait y trouver un motif d'annulation. Ce qui les rend nuls, ce n'est pas la couleur elle-même, mais la différence de nuance qui permet de distinguer les bulletins et de faire connaître le vote, à la seule inspection du papier (Cons. d'État, 9 juin 1849).

Toutes ces difficultés seraient évitées, si le président du bureau avait le droit de ne pas accepter des bulletins aussi manifestement irréguliers. On craint de porter atteinte à la liberté des électeurs ; mais leurs droits restent entiers. Le président refuse simplement de voir accomplir sous ses yeux une violation flagrante de la loi. L'électeur conserve son droit ; qu'il se munisse d'un bulletin régulier et il sera admis au scrutin. On s'explique difficilement qu'un magistrat chargé de diriger les opérations électorales, conformément à la loi, ne puisse en empêcher la violation. Encore une fois, ce refus ne porte aucune atteinte à la liberté de l'électeur.

Ce que nous devrions plutôt craindre, c'est l'intervention partiale du président du bureau. Qu'un électeur de son parti se présente avec un bulletin légèrement teinté, il lui en fera l'observation, dans la crainte que ce bulletin ne soit contesté ou annulé. — Est-ce un adversaire, il acceptera sans mot dire un vote manifestement illégal. Le seul moyen de couper court à cet arbitraire, c'est de défendre au président du bureau de recevoir des bulletins de couleur.

Aujourd'hui, la loi est muette et les décisions sont contradictoires. A l'occasion des élections législatives, le ministre, dans une circulaire en date du 9 septembre 1885, prescrivait de refuser les bulletins de couleur. En juillet 1886, il émettait une opinion contraire; le président du bureau était tenu d'admettre des bulletins contenant des signes de reconnaissance. Son rôle devait se borner à une attitude passive, à rappeler les prescriptions légales, au commencement et au cours des opérations. Le Conseil d'État ne reconnaît pas au président du bureau, le droit de refuser les bulletins de couleur. Ce refus est une cause suffisante de nullité si les électeurs qui l'ont encouru se sont définitivement éloignés en assez grand nombre du scrutin. S'ils sont revenus voter, l'élection sera maintenue. L'essentiel est donc de déterminer le nombre des électeurs dont le bulletin a été refusé et celui des électeurs qui sont revenus voter ensuite. On sera ainsi en mesure d'apprécier l'influence de ce refus sur les résultats, et le chiffre des abstentions qui en ont été la conséquence. En l'absence de renseignements précis, dans le doute, l'élection devrait être annulée.

Le nombre des électeurs dont le vote a été indûment refusé, serait-il connu qu'on ne pourrait ajouter leurs voix à l'une ou l'autre liste en présence. On ne saurait, sans violer le secret du vote, rechercher à quels candidats ces électeurs auraient donné leur suffrage. Dans ces conditions, il y a lieu de prononcer purement et simplement l'annulation de l'élection. (Cons. d'État, 24 mars 1882).

Le bulletin de couleur est donc celui dont la nuance est assez accusée et assez différente, pour le reconnaître des autres bulletins. Un semblable bulletin est nul, mais n'entraîne pas de plein droit la nullité de l'élection ; elle serait prononcée si la fraude ou l'atteinte au secret avaient été réelles.

SECTION III

Signes extérieurs de reconnaissance.

La coloration des bulletins est un moyen commode
de reconnaître le vote d'un électeur, c'est même un
procédé trop facile et trop direct et l'on comprend que
les courtiers électoraux aient inventé d'autres « trucs »
pour permettre de constater tout aussi sûrement la
docilité des électeurs. Il est impossible de les énumérer
tous, ils revêtent les formes les plus variées ; chaque
élection nous en fait connaître de nouveaux. Le plus
souvent, ils consistent dans la dimension, le pliage,
l'épaisseur des bulletins, dans des tâches, des déchi-
rures, etc., etc. La loi les englobe sous le nom géné-
rique de signe extérieur (art. 21, parag. 3).

Les discussions parlementaires ou juridiques nous
permettent de suppléer à ces lacunes et de définir le
signe extérieur : une marque visible faite sur le verso
du bulletin et apposée dans le but de faire connaître
le vote de l'électeur. Cette définition renferme une
triple condition : une marque au verso, l'apparence de
la marque et l'intention frauduleuse. Ce signe doit
être visible lors de la remise du bulletin et avoir été
fait avec préméditation. S'il était purement accidentel
ou caché par le pliage, il ne constituerait pas un signe
extérieur dans le sens de la loi. (Cons. d'État,

31 mars 1882, 6 janvier 1885.) Le président d'un bureau de vote avait marqué de signes visibles les bulletins que lui remettaient les électeurs ; il espérait ainsi les faire annuler. Un jugement du tribunal de Foix, en date du 25 décembre 1881, a condamné ce président pour avoir altéré un certain nombre de bulletins dans le but de les rendre reconnaissables. Ces signes extérieurs n'avaient pas été apposés dans le but de trahir le secret du vote ; l'élément frauduleux faisant défaut, les bulletins furent comptés au candidat.

Le Conseil d'État estime, d'autre part, qu'il n'y a pas signe extérieur si la marque placée au verso ne se voit pas quand le bulletin est plié. N'allez pas croire qu'il y ait signe extérieur. Un pareil bulletin, dit le Conseil d'État (3 février 1893), ne porte pas un signe de reconnaissance prohibé par la loi. Nous ne comprenons pas qu'une marque sur le verso du bulletin, cachée par le pliage, ne soit plus un signe de reconnaissance. La seule question que le Conseil d'État devrait examiner est celle de savoir si cette marque constitue un moyen de vérification sans s'inquiéter si le pliage la rend invisible. Le contrôle est, en effet, tout aussi facile, peut-être même plus, au moment du dépouillement que lors de la remise du bulletin. En tout cas, cette marque pourrait être vue par le président du bureau qui a le droit d'examiner les bulletins pour empêcher les doubles votes.

Quoiqu'il en soit, d'après la jurisprudence, est un signe extérieur de reconnaissance toute marque apposée frauduleusement au verso d'un bulletin et visible lors de sa remise. Nous savons aussi que les bulletins contenant des signes de reconnaissance ne doivent pas être attribués aux candidats dont ils portent le nom, mais qu'ils entrent en ligne de compte dans le calcul de la majorité. Ces irrégularités n'entraînent la nullité de l'élection que si elles sont le résultat de manœuvres ayant eu pour but ou pour effet de porter atteinte à la liberté du vote et à la sincérité de l'élection. La décision du juge est subordonnée à la plus ou moins grande majorité qu'à obtenue le candidat. Si, déduction faite des suffrages irréguliers, il lui reste encore une forte majorité, l'élection ne doit pas être invalidée.

Nous allons maintenant chercher les signes de reconnaissance les plus en usage et les plus caractéristiques.

A. — Forme des Bulletins

Les bulletins de candidats opposés ou du même candidat, ne sont pas toujours de dimensions égales. On a cru voir dans ces différences de format un véritable signe de reconnaissance. Il n'est pas possible de dire d'une manière catégorique si ce grief doit être admis. La loi est muette sur la forme des bulletins ; elle dit simplement qu'ils doivent être blancs et sans signe extérieur. On ne saurait donc considérer la dimension des bulletins comme un signe de reconnaissance. Bien que la forme des bulletins n'ait pas été réglementée par un texte, il ne s'en suit pas que toutes les fantaisies soient admises. Il appartient aux tribunaux administratifs, ou aux bureaux des Chambres, d'examiner si le format des bulletins est de nature à violer le secret du vote. Est-il constant, d'après l'enquête et l'instruction, que la forme employée est manifestement contraire à l'esprit de l'art. 21 du décret réglementaire, qu'elle présente le caractère de signes extérieurs de nature à faire reconnaître ce bulletin, et à porter atteinte au secret du vote, l'annulation doit suivre. Ce que veut la loi, c'est que le secret soit gardé. Dès lors, si le format du papier n'y porte pas atteinte, le bulletin est valable. A supposer même que le juge prononce la nullité de bulletins de couleur, l'élection ne serait pas nécessairement viciée. Cette irrégularité n'influerait sur les opérations elles-mêmes, que si la distribution de bulletins de couleur avait été abondante, et organisée dans un but de manœuvre électorale.

B. — Mode de pliage

Pour les mêmes raisons que nous venons de donner, le mode de pliage ne constitue pas par lui-même un signe de reconnaissance. La loi n'en a pas parlé et ne pouvait fixer un mode de pliage légal et uniforme sans entraîner des contestations et des annulations continuelles. En principe, l'électeur peut plier comme il l'entend son bulletin, en deux, en quatre, en carré ou en long. Le Conseil d'État n'a pas regardé comme une manœuvre, la distribution à la porte de la mairie, de bulletins pliés en long pour le conseil général, et en large pour le conseil d'arrondissement (Cons. d'État,

29 février et 30 mai 1884) ; ce mode de pliage était une indication de la destination des bulletins, et non de leur contenu. Les bulletins doivent être pliés de telle façon que les noms du candidat ou une mention caractéristique de ces bulletins ne soient visibles. Des bulletins pliés à l'envers et laissant voir les noms qu'ils portaient (Cons. d'État, 22 mars 1890) ou apparaître la mention « Élections au Conseil Général » écrite en caractères spéciaux (Cons. d'État, 27 mai 1890), ont été jugés défectueux.

Les modes de pliage fantaisistes constituent le plus souvent des signes de reconnaissance. Au juge d'apprécier : Ont été déclarés nuls, des bulletins pliés de façon trop particulière, par exemple en triangle, en forme de M (Cons. d'État, 25 novembre 1893). N'a pas été considéré comme portant un signe de reconnaissance, un bulletin sous enveloppe cachetée. (Cons. d'État, 6 février 1889).

C. — Épaisseur

Il existe un autre signe de reconnaissance qui s'adresse non plus à la vue, mais au toucher. Les bulletins des candidats n'ont pas généralement la même épaisseur. Ces différences sont au bout de très peu de temps facilement constatées et appréciées par le président de bureau, lors de la réception des votes.

Il est impossible en cette matière de poser une règle fixe, et de dire que l'épaisseur du papier soit un signe de reconnaissance. Les lois électorales françaises ne

sont pas entrées dans ces détails comme certaines
lois américaines de date récente. Si cette épaisseur
est voulue, intentionnelle, elle constitue un signe de
reconnaissance et le bulletin doit être annulé. Le juge
conserve une grande latitude, il est maître absolu de
ses appréciations, mais le plus souvent, par suite de
l'absence de *criterium*, les griefs basés sur l'épaisseur
des bulletins ont été repoussés. Il suffit, dit le Conseil
d'État, que les bulletins soient sur papier blanc et sans
signes extérieurs, pour qu'ils soient déclarés valables.

Dans cet ordre d'idées, la question la plus intéressante qui se soit posée, concerne les cartes de visite.
Après plusieurs décisions contradictoires, 18 janvier
1878, 2 mars 1888, le Conseil d'État (15 mars 1891),
a jugé que les cartes de visite ne constituaient pas en
elles-mêmes des signes de reconnaissance. Les cartes
de visite sont de véritables bulletins ; dès lors elles
doivent leur être assimilées. Les cartes de visite por-
tent-elles des signes apparents qui, en dehors de toute
présomption de fraude ou de pression, entraînent
d'ordinaire la nullité des suffrages, ces cartes seront
annulées (papier glacé, satiné). Dans les autres cas,
la nullité ne sera prononcée que s'il y a présomption
de fraude, par exemple si la distribution n'a été faite
qu'à un certain nombre d'électeurs ou si le nom du
candidat porté sur la carte a été barré et remplacé par
le nom du candidat élu. (Conseil d'État, 24 janvier 1890).
Au contraire, des cartes de visite constituent des votes
valablement exprimés, lorsque des cartes analogues
ont été envoyées aux électeurs par les divers candidats.

D. — Transparence

Si la trop grosse épaisseur du papier ne constitue pas un signe de reconnaissance proprement dit, il en est de même à l'inverse, de sa faible épaisseur, de la transparence. Encore une fois, la loi ne pouvait déterminer l'épaisseur du papier ; du moment que les bulletins sont sur papier blanc et sans signes extérieurs, et qu'ils n'ont rien de contraire aux prescriptions de la loi, la transparence de ces bulletins n'est pas, par elle-même, un motif d'annulation. (Conseil d'État, 22 février 1878). Toutefois, s'il est facile de lire le nom que le bulletin renferme, le juge de l'élection pourra, d'après les circonstances, en prononcer la nullité. (Conseil d'État, 8 mars 1890). L'annunulation de l'élection ne s'en suit pas toujours. Elle ne serait pas prononcée si chacun des candidats avait fait usage de ce papier transparent ou si l'inconvénient de la transparence disparaissait par le pliage. Il en serait de même s'il était démontré que la faible épaisseur du papier n'avait pas été choisie dans le but d'influencer les électeurs. (*Monit.*, 12 novembre 1863, page 1341).

L'élection est toujours maintenue quand les manœuvres n'ont pu modifier le scrutin ou lorsque le candidat élu a recueilli un nombre de voix tel, qu'en lui enlevant les votes irréguliers pour les attribuer au candidat évincé, la majorité lui est encore acquise.

L'imitation complète des bulletins d'un candidat par ses adversaires atténue, d'après la jurisprudence, leur irrégularité. Cette manière de voir est sujette à critique. Sans doute, il n'a pas été possible d'influencer les électeurs au profit exclusif d'un seul, mais il n'en est pas moins vrai que cet usage ne fait pas cesser l'irrégularité ; la réciprocité n'est pas une justification. Le secret du vote est un principe absolu auquel on ne peut renoncer.

Quoiqu'il en soit, le candidat, qui aurait employé des bulletins transparents n'est pas recevable à invoquer l'irrégularité de son adversaire. *(Monit.* 19 nov. 1863. — Cons. d'État, 8 août 1891). Ne sont pas considérés comme portant des signes de reconnaissance, des bulletins prétendus transparents, mais en réalité imprimés sur du papier suffisamment épais pour assurer le secret du vote, alors même qu'ils portent intérieurement des ratures à l'encre qui se reproduisent à l'extérieur. Bien que la rature soit visible extérieurement, on ne peut pas dire que le papier soit transparent. (Cons. d'État, 6 décembre 1878).

Nous avons vu aussi que les décisions des tribunaux sont unanimes à décider que du moment où le pliage des bulletins rend invisible le nom des candidats, le bulletin transparent perd tout caractère irrégulier. Cette jurisprudence n'est pas exempte de reproches. Sans doute, le pliage rend plus difficile la lecture des bulletins, mais le président du bureau auquel il est permis de déplier les bulletins pour empêcher les doubles votes, trouve dans ce droit la possibilité de les lire. Le secret n'est donc pas entièrement garanti.

En résumé si la différence d'épaisseur des bulletins est recherchée et voulue pour nuire à la liberté des électeurs, elle doit entraîner la nullité du suffrage.

A l'inverse, en l'absence de manœuvre, l'épaisseur des bulletins, voire même du papier carte, ne constitue pas un signe de reconnaissance. (Cons. d'État, 24 mai 1878).

E. — PAPIER VERGÉ, PAPIER RAYÉ.

La composition du papier aide parfois à découvrir les votes. Certains électeurs se servent du papier vergé, rayé, ou quadrillé. Trouver dans l'emploi de ces bulletins un signe de reconnaissance, ce serait enlever à nombre d'électeurs, un moyen facile de tromper et de dépister les recherches des présidents de bureaux. Le plus souvent on s'en sert, non pour violer le secret du vote, mais pour le conserver intact.

Les papiers rayés, même avec des raies de couleur, les papiers vergés, réglés ou quadrillés, ne sauraient, en raison de leur aspect, être considérés comme portant des marques frauduleuses. Ce ne sont pas des signes extérieurs au sens de la loi : ces bulletins sont valables et doivent être attribués au candidat dont ils portent le nom. Le président d'un bureau de vote ne serait pas en droit de refuser de pareils bulletins. Le Conseil d'État (6 mai 1885) les reconnaît valables ; il a annulé un deuxième tour de scrutin, proclamant élu le candidat qui avait obtenu dès le premier tour, la majorité absolue. Pour que les élections soient annulées, il faudrait que le papier rayé ait été choisi à dessein pour agir sur les électeurs et que la soustraction de ces bulletins du nombre de voix recueillies par un candidat ne lui donne plus alors la majorité.

F. — Papier maculé ou marqué.

Les bulletins portent parfois des marques diverses ou des tâches visibles à l'extérieur. Si ces marques sont des signes conventionnels apposés dans le but de reconnaître le vote des électeurs, l'annulation du bulletin s'impose. Au contraire, si les tâches sont accidentelles, les bulletins doivent être attribués au candidat. (Cons. d'État, 4 avril 1879.) Des bulletins portant des débris de timbres-poste ont été déclarés valables par le Conseil d'État. L'enquête avait démontré que ces bulletins avaient été envoyés par la poste au domicile des électeurs et que ces marques étaient purement fortuites. (Cons. d'État, 5 août 1881, 17 décembre 1884.)

Les traces de foulage plus ou moins accusées ne constituent pas des griefs suffisants et assez caractéristiques. Généralement, les papiers de bulletins sont de qualité inférieure et l'impression en est peu soignée. Il n'y a donc rien d'étonnant qu'ils offrent au verso des repoussés plus ou moins accentués. Mais si le candidat, dans le but de distinguer ses bulletins de ceux de son adversaire, et les signaler ainsi au président du bureau, avait donné l'ordre d'accentuer le foulage, on y verrait, et à bon droit, une manœuvre suffisante pour entraîner la nullité des suffrages et peut-être celle de l'élection. L'examen des bulletins, les circonstances, fourniront les éléments d'appréciation les plus importants. (Cons. d'État, 4 décembre 1879, 23 et 26 décembre 1884).

Le Conseil d'État a vu, et avec raison, des signes de reconnaissance dans des marques tellement particulières qu'elles ne pouvaient évidemment pas être le résultat du hasard. Pour cette raison, il a annulé des bulletins portant des marques en forme de triangle (Cons. d'État, 6 févr. 1885) ou une croix au crayon. (Cons. d'État, 17 févr. 1882). En cette matière, nous avons déjà pu le constater, la jurisprudence du Conseil d'État est plus sévère que celle des Chambres, qui se laissent surtout dominer par les éléments de fait et les conditions dans lesquelles s'est faite l'élection. Dans une commune, un certain nombre de bulletins (quatre) avaient été joints aux cartes électorales par un pain à cacheter. Ces marques étaient rendues invisibles par le pliage ; les Chambres décidèrent qu'il n'y avait pas là un signe extérieur, et qu'en tout cas, l'irrégularité, en la supposant admise, était trop restreinte, l'élu conservant encore, déduction faite de ces suffrages, une majorité suffisante. *(Monit.*, 21 mai 1863, p. 1399.) Le Conseil d'État s'est montré et avec raison plus rigoureux dans une espèce analogue. Le pliage rend plus difficile, mais non impossible, la constatation de la marque. Le maire, en usant du droit de s'assurer que les bulletins ne sont pas doubles, peut facilement l'apercevoir. Aussi, l'élection fut annulée. (Cons. d'État, 2 juillet 1861.) Il est juste de dire que le nombre des bulletins trouvés dans l'urne était considérable (200) et que, dès lors, les résultats du scrutin avaient pu être modifiés.

G. — Bulletins écornés, déchirés, dentelés.

Les bulletins écornés, déchirés, dentelés ne sont susceptibles d'être annulés que s'ils ont été altérés dans le but de porter atteinte au secret du vote. Si les modifications apportées aux bulletins sont accidentelles, elles ne constituent pas alors des signes de reconnaissance dans le sens de la loi et le vote est régulier.

Sur ce point, il est difficile de poser des règles fixes : tout dépend des circonstances ; tel bulletin percé de trous d'épingle sera valable dans un cas et nul dans l'autre. (Cons. d'État, 1er mai 1885, contra 6 août 1878). Des bulletins avaient été collés aux cartes d'électeurs. La trace du collage n'était pas visible. Le corps législatif décida qu'il n'y avait pas là, un signe de reconnaissance (*Monit.* 20 décembre 1869). Au contraire, des bulletins de vote de la liste patronnée par le maire avaient été collés aux cartes des électeurs. Plusieurs électeurs ne les avaient détachés que dans la salle de vote ; on prétendit, pour soutenir la validité que ce procédé, employé par le secrétaire de la mairie était resté ignoré du maire, et que, d'ailleurs, il n'avait eu ni pour but ni pour effet de porter atteinte au secret du vote. Le Conseil d'État, (19 avril 1866), n'admit pas cette défense et annula l'élection ; l'atteinte portée au secret était trop évidente. Les bulletins avaient été remis au maire, président du scrutin, certains même, avaient été détachés sous ses yeux. Dès lors, rien n'était plus facile que de savoir si l'électeur votait avec le bulletin qui lui avait été envoyé.

SECTION IV

SIGNES INTÉRIEURS DE RECONNAISSANCE

Nous venons d'étudier les signes extérieurs de reconnaissance, il nous reste maintenant à examiner les signes intérieurs. Les principes et les généralités nous sont déjà assez connus, pour qu'il soit nécessaire de les développer à nouveau.

Demandons nous d'abord ce qu'il faut entendre par signe intérieur de reconnaissance.

Le signe intérieur de reconnaissance est une marque convenue, faite à l'intérieur d'un bulletin dans le but de faire connaître celui qui l'a déposé.

Les signes intérieurs de reconnaissance permettent de vérifier au moment du dépouillement si l'électeur a bien déposé dans l'urne le bulletin qu'on lui a remis. Une semblable atteinte au secret du vote devait entraîner la nullité du suffrage.

Signer son bulletin est le moyen le plus direct, le plus simple de se faire connaître. Un bulletin signé est nul par application de l'art. 30 du décret réglementaire. « Les bulletins dans lesquels les votants se font connaître, n'entrent point en compte dans le résultat du dépouillement, mais ils sont annexés au procès-verbal. » Ainsi a été annulé comme portant une signature, le bulletin dans lequel le nom du candidat était suivi du nom et de la qualité d'un autre électeur. Cette qualification offrait dans l'espèce tous les caractères d'une signature et non d'un suffrage (Cons. d'Etat, 16 décembre 1881). Au contraire le nom écrit au-dessous de celui du candidat n'a pas été considéré comme une signature, mais comme l'expression d'un second vote; par application de l'art. 42 de la loi de 1855, le premier nom seul fut compté. (Cons. d'État, 19 décembre 1884).

Pour se faire connaître, les électeurs se servent le plus souvent de moyens plus habiles, moins directs, qui peut-être passeront inaperçus aux scrutateurs. Ils consistent généralement en inscriptions, tâches, combinaisons de noms, etc., etc.

Des bulletins ainsi marqués, bien qu'ils ne portent pas la signature de l'électeur, ne le font pas moins formellement reconnaître. Aussi, la jurisprudence leur applique l'article 30 du décret réglementaire. Le Conseil d'État, dans un arrêt du 8 août 1872, a cependant refusé de faire cette assimilation.

Il a admis la validité « des bulletins de vote ne contenant aucune désignation des électeurs qui les avaient déposés, mais portant divers *signes intérieurs* (tels que numéros d'ordre ou l'adjonction de noms différents à la suite de chaque liste), qui pouvaient permettre au candidat qui les avait distribués, de les reconnaître au moment du dépouillement. Il appartiendrait seulement dans le cas où les candidats au profit desquels ces bulletins ont été distribués, auraient été élus, d'apprécier *l'existence et les effets de la manœuvre* ayant pu résulter de leur emploi. »

Cette décision est la seule de ce genre. La jurisprudence du Conseil d'État est aujourd'hui bien fixée en sens contraire. Des arrêts du 26 février 1886, 19 mars 1886, 6 avril 1887, etc., décident que les bulletins portant des signes intérieurs de reconnaissance doivent être assimilés à ceux dans lesquels les électeurs se sont fait connaître. S'il résulte de l'aspect du bulletin, dit le Conseil, qu'il porte intérieurement un signe permettant de reconnaître l'électeur qui l'a déposé, le requérant n'est pas fondé à en réclamer à son profit l'attribution ; sans doute, les marques ne font pas comme une signature, connaître formellement l'électeur, mais ce moyen, pour être détourné, n'en n'est pas moins efficace.

Ainsi, des bulletins portant à l'intérieur des signes de reconnaissance ne sont pas attribués au candidat, ils ne sont même pas comptés pour le calcul de la majorité. Ils sont nuls, d'une nullité absolue : l'atteinte qu'ils portent au secret du vote est trop directe pour que la manifestation de la volonté de l'électeur puisse encore produire un certain effet. L'irrégularité prise à part ne suffirait pas pour entraîner la nullité de l'élection ; il faudrait qu'elle soit le fruit d'une entente préalable, d'une manœuvre de nature à modifier le résultat et à porter atteinte au secret et à la sincérité du scrutin.

Il est suffisamment tenu compte de ces irrégularités, par la déduction de ces bulletins, tant du chiffre de la majorité absolue, que du nombre de voix obtenues par le candidat. L'élection ne sera nulle que si ces manœuvres sont de nature à vicier l'ensemble des opérations électorales (19 mars 1886), et si, déduction faite des votes irréguliers, l'élu perd la majorité.

Les signes de reconnaissance sont très variables, il est impossible de les énumérer tous ; nous nous contenterons d'en mentionner quelques-uns, à titre d'exemple. Le plus souvent, ils consistent en marques, tâches, râtures ou mentions quelconques. Cet examen nous permettra d'avoir une idée suffisamment complète de la théorie générale et des conditions exigées par la jurisprudence, pour reconnaître à une marque le caractère du signe de reconnaissance.

A. — Marques, ratures, taches, Bulletins manuscrits

Toute marque, râture ou tâche apposée sur un bulletin, n'est pas un signe de reconnaissance et n'entraîne pas nécessairement la nullité du bulletin. L'enquête doit révéler le caractère frauduleux de la manœuvre, le fait de noter pendant le dépouillement, les bulletins marqués, a suffi pour en démontrer l'existence (Cons. d'État, 28 févr. 1879).

A l'inverse, en présence du caractère tout accidentel de la marque, les bulletins seraient déclarés valables. (Cons. d'État, 27 févr. 1885 — 15 décembre 1888). Des taches d'encre accidentelles n'ont pas été considérées comme des signes intérieurs de reconnaissance (Cons. d'État, 24 mars 1882).

Les bulletins manuscrits sont valables. Sous peine d'obliger l'électeur à voter pour tous les candidats d'une liste, il fallait bien lui permettre de rédiger lui-même son bulletin. Il semble même d'après les termes de la loi, que les bulletins manuscrits aient la préférence. (Arg. du mot « préparé » art. 21 du décret réglementaire). C'est qu'en effet, les bulletins manuscrits manifestent plus fermement la volonté de l'électeur. Toutefois, s'il était prouvé que le bulletin n'a été rédigé par l'électeur que dans le but de se faire reconnaître, par son écriture, ce bulletin ne serait pas tenu pour valable.

B. — Numéros d'ordre.

Parfois, les courtiers électoraux ou les candidats donnent à un électeur déterminé, un bulletin sur lequel ils ont écrit un numéro d'ordre. Lors du dépouillement, il sera facile de constater l'obéissance de l'électeur. Le bulletin dans lequel chaque nom est précédé d'un numéro n'est annulé que si l'examen du bulletin prouve que ce numérotage constitue un moyen particulier de pointage. (Cons. d'État, 17 février 1882. — 15 mai 1885). Le caractère frauduleux serait évident si la distribution des bulletins avait été faite par le maire, l'adjoint ou un fonctionnaire.

C. — Substitution de noms.

Un électeur a évidemment le droit et c'est la condition même de la liberté électorale, d'apporter aux bulletins les modifications qui lui plaisent. Il peut raturer un nom pour y substituer un autre, changer l'ordre dans lequel ils sont placés sur la liste.

Le droit de raturage et de substitution est très précieux pour l'électeur timide et dépendant. Veut-il donner le change sur le sens de son vote, il prendra un bulletin au nom du candidat qu'il croit agréable au président du bureau, raturera le nom qui ne lui plaît pas et le remplacera par un autre de son goût. Ce droit qui nous appartient individuellement ne saurait être exercé sans inconvénients par un certain nombre d'électeurs.

La distribution par un comité de bulletins imprimés, sur lesquels auraient été opérées certaines substitutions, a été considérée comme une manœuvre de nature à tromper les électeurs. Les radiations faites à la main, émanent le plus souvent des votants eux-mêmes, et garantissent la sincérité des changements opérés. On ne saurait être aussi affirmatif quand la distribution des bulletins transformés a été faite par un comité ; peut-être n'expriment-ils pas la pensée des électeurs qui en ont fait usage.

Des bulletins identiques en tout à ceux de la liste adverse (papier, en-tête, caractères d'imprimerie) portaient au milieu des modifications de noms. Cette ressemblance calculée, susceptible de surprendre la confiance des électeurs illettrés ou inattentifs, a entraîné l'invalidation. *(Journ. off.*, 20 novembre 1885, p. 43.)

Seraient aussi déclarés irréguliers des bulletins sur lesquels on aurait légèrement biffé, au moyen d'une presse autographique, les noms et titres d'un candidat pour les remplacer par le nom de son adversaire écrit en petits caractères.

La rature doit être suffisamment accusée pour que l'électeur l'aperçoive. Si les bulletins sont raturés de traits légers, presque imperceptibles, et s'ils portent à la place un nom imprimé en petits caractères, ces bulletins pourraient être annulés. L'altération des bulletins, faite dans ces conditions, devient une véritable falsification. Cet acte et l'intention qui y a procédé sont suffisamment répréhensibles pour vicier l'élection. *(Monit.,* 7 décembre 1869).

La radiation et le remplacement des noms sur des bulletins ne sauraient donc être regardés comme des signes de reconnaissance, quelle que soit la couleur de la rature, alors même que le nom raturé serait réinscrit (Cons. d'État, 16 janv.) ou que le nom biffé par un trait noir aurait été remplacé par un nom également à l'encre noire, rayé à son tour d'un trait à l'encre rouge (10 févr. 1893). Ces bulletins sont valables, à moins qu'ils n'aient eu pour effet de porter atteinte au secret du vote et à la sincérité de l'élection (Cons. d'État, 14 nov. 1884) et qu'ils ne soient imprimés de manière à induire en erreur les électeurs sur le vote émis par eux (Cons. d'État, 26 novembre 1886).

Pourrait être regardée comme un signe de reconnaissance, la substitution systématique d'un nom qui ne figure pas sur la liste électorale, a celui d'un candidat porté sur toutes les listes. Une semblable substitution est souvent peu sérieuse, et prouve que le nom substitué n'est qu'un moyen de s'assurer du vote d'un électeur. Nous avouons que cette distinction est délicate et que le juge fort embarassé de se prononcer sur la valeur de la substitution, laissera dans le doute, les bulletins au compte des candidats.

Si la substitution a été faite, non au moyen d'une rature, mais d'une incision, le bulletin est néanmoins valable ; cette coupure avait, dans l'espèce, été pratiquée pour ne pas laisser de traces du nom biffé (Cons. d'État, 21 novembre 1884).

En résumé, un électeur peut faire les ratures, les substitutions qui lui plaisent. Les bulletins qui les portent seront comptés au candidat, pourvu que ces changements ne soient pas de nature à tromper l'électeur ou à porter atteinte au secret du vote. Nous verrons plus tard, le profit que les courtiers électoraux ont tiré de la générosité de la loi ; ils ont trouvé dans cette tolérance, un procédé infaillible de reconnaître les votes des électeurs.

D. — Bulletins gommés.

La substitution des noms s'opère parfois, non plus au moyen d'une rature et de l'inscription d'un nouveau nom, mais à l'aide d'une opération unique, par l'apposition sur le nom d'un candidat d'une bande de papier portant le nom de l'adversaire.

Ces bandes consistent généralement en un papier très mince appelé papier pelure. D'un côté elles portent le nom du candidat, de l'autre, une légère couche de gomme. L'électeur qui veut cacher son vote et qui craint qu'il ne soit découvert par le toucher ou la vue, prend le bulletin du candidat patronné par le président du bureau et colle sur le nom la bande gommée. Grâce à la faible épaisseur du papier cette substitution passe inaperçue. L'électeur vote selon sa conscience et satisfait le président.

La jurisprudence parlementaire reconnaît la validité de ces bulletins gommés, sans distinguer si la bande de papier recouvre entièrement le bulletin (grand gommé) ou seulement le nom du candidat (petit gommé) ; la chambre a validé une élection au cours de laquelle on s'était servi de petits gommés. *(J. Offi.,* 17 et 20 avril 1886, p. 838, p. 874). Les bulletins gommés pourraient être annulés si on avait des raisons de croire qu'ils n'expriment pas la pensée des électeurs ou qu'ils portent des signes de reconnaissance.

On pourrait voir un signe de reconnaissance dans la façon d'apposer la bande gommée, soit en travers, soit obliquement, soit perpendiculairement au nom ; au juge d'apprécier d'après les circonstances.

Seraient annulés, les bulletins gommés de nature à tromper les électeurs. La confusion sera surtout possible lorsque les qualificatifs donnés au candidat dont le nom a été biffé, ne sont pas entièrement recouverts par la bande. Le Conseil d'État (11 février 1881) a eu à se prononcer sur cette question : La bande gommée recouvrait le nom du candidat, mais non ses titres de sénateur et conseiller sortant. Des électeurs avaient cru voter pour lui alors qu'en réalité ils avaient voté contre. Cette juxtaposition incomplète était de nature à induire en erreur les votants ; aussi cette élection a-t-elle été annulée. Il est bon d'ajouter que le candidat élu avait recueilli une faible majorité.

Pour être à l'abri de tout soupçon, les bulletins gommés doivent recouvrir les noms et qualificatifs des candidats et être collés régulièrement.

E. — NOMS ÉCRITS SUR LES BULLETINS.

Les bulletins portent parfois, outre les noms des candidats, un nom supplémentaire. Ces adjonctions sont permises.

« Les bulletins sont valables, bien qu'ils portent plus ou moins de noms qu'il y a de conseillers à élire. Les derniers noms inscrits ne sont pas comptés..... » (Art. 42, loi du 5 mai 1855, aujourd'hui art. 28 de la loi municipale.)

Mais si ces noms varient avec chaque bulletin, il y a de grandes raisons de croire qu'ils constituent un moyen de prouver la docilité de certains électeurs aux agents électoraux. Ceux-ci distribuent des bulletins sur lesquels ils ont écrit un nom variant avec chaque bulletin, parfois le nom même de l'électeur. Au moment du dépouillement, il leur sera facile de constater si le bulletin a bien été jeté dans l'urne. Un jour, un agent électoral dévoila lui-même la supercherie et s'écria au moment de la lecture d'un bulletin : « Ça, c'est le bulletin du cantonnier, c'est moi qui le lui ai remis ! » *(J. off.*, 12 avril 1886, p. 750.)

Il est impossible d'établir à ce sujet une règle précise ; l'enquête dévoilera si ces adjonctions ont été écrites pour faire connaître le votant et si elles constituent dès lors un signe de reconnaissance. La distribution d'un grand nombre de bulletins écrits de la

même main est l'indice presque assuré d'une
manœuvre électorale. (Cons. d'État, 22 novembre
1878, 21 novembre 1884.) L'annulation serait d'autant
plus facilement prononcée que le candidat aurait
obtenu une faible majorité. (4 août 1882.)

Rien à dire du procédé inverse : sont valables les
bulletins imprimés portant moins de noms qu'il y a
de représentants à élire, l'électeur devant compléter la
liste par l'adjonction de noms manuscrits. (Cons.
d'État, 27 mars 1883.)

F.— Mentions injurieuses ou étrangères a l'élection.

Parfois les adjonctions ne sont plus rejetées à la fin,
mais insérées dans le corps même des bulletins. Ce
sont, par exemple, des épithètes, des injures, des
phrases quelconques.

En principe, sont valables les bulletins contenant
une mention injurieuse ou étrangère à l'élection, sauf
au juge à vérifier si cette mention n'est pas la néga-
tion même d'un suffrage. Le silence du décret réglementaire ne permet pas de prononcer la nullité de
ces bulletins. Les mentions générales, telles que :
Liste républicaine, Liste de M. le Maire, sont parfaitement légales. Il n'en est pas toujours de même de
celles ajoutées au nom des candidats. Ces adjonctions
sont permises, si elles ont été écrites pour mieux
désigner le candidat : — (épithètes, surnom, titre,
profession).

Si elles consistent en qualifications générales susceptibles de s'appliquer à tout le monde, telles que :

incorruptible, riche, loyal; il est presque certain alors, que ces noms ont été ajoutés pour s'assurer du vote d'un électeur. Le plus souvent, de telles annotations ne sont pas des désignations complémentaires, mais un moyen de contrôle. Elles constituent un signe de reconnaissance et doivent entraîner l'annulation des bulletins, et parfois, si elles se rencontrent en grand nombre, la nullité de l'élection (Cons. d'État, 2 juillet 1847 — 26 janv. 1877.)

Mêmes raisons et même solution pour les mentions injurieuses. Vu le silence de la loi, les bulletins qui les portent sont en principe valables, que ces injures soient à l'adresse des membres du bureau, d'un scrutateur ou des candidats (Cons. d'État, 5 août 1893).

Pour qu'il en fut autrement (nous n'examinerons pas la question de l'attribution du suffrage), il faudrait que l'injure ait précisément été écrite dans le but de faire connaître le votant (Cons. d'État, 9 janv. 1885).

Ne sont pas considérées comme des signes de reconnaissance: des mentions inexactes relatives à l'indication de la date, du lieu, de l'objet du scrutin, ou des mentions par lesquelles l'électeur explique son vote (Cons. d'État, 5 avril 1889. — 10 mars 1893), ou insiste sur son choix (Cons. d'État, 12 avril 1889), ou « voilà le mien, » écrit en regard du nom (Cons. d'État, 28 janv. 1893), ou exprime un vœu, un désir (Cons. d'État, 3 mars 1893).

CHAPITRE IV

GARANTIES AU COURS DES OPÉRATIONS

SECTION Ire

REMISE DES BULLETINS FERMÉS

L'électeur doit remettre son bulletin fermé au président; celui-ci ne peut le déplier.

Ces précautions sont essentielles pour tenir caché le nom du candidat pour lequel on vote ; déjà contenues dans les lois de 1831 (art. 48), 1833 (art. 43), 1855 (art. 38), elles ont été reproduites par la loi municipale de 1884. Les électeurs ne peuvent voter à bulletin ouvert ; ce serait renoncer au secret de leur suffrage et nous avons vu que le secret n'est pas facultatif, mais absolument obligatoire. D'ailleurs, le vote ostensible est suspect ; le contrôle auquel l'électeur se soumet peut lui avoir été imposé comme condition d'un marché ; d'autre part, s'il émane d'un personnage important, il est de nature à influencer les électeurs et à fausser les résultats du scrutin. L'inobservation de cette règle peut entraîner la nullité de l'élection, mais il est nécessaire suivant les principes déjà exposés, que cette irrégularité soit corroborée par d'autres.

Ne serait pas annulée, l'élection au cours de laquelle

un électeur ou même quelques-uns auraient déclaré à haute voix ou montré ostensiblement le nom du candidat pour lequel ils votent, alors surtout que celui-ci aurait échoué ou au contraire recueilli une grosse majorité. *(Monit.* 1er septembre 1846, p. 2.310. — 29 juillet 1846, p. 2.251).

La remise d'un bulletin ouvert constitue une irrégularité grave, mais insuffisante pour vicier un scrutin, pourvu toutefois que cette remise ait été libre (Cons. d'État, élect. du Blanc, 20 juillet 1867), et qu'elle n'ait pu, par suite du nombre de voix recueillies, exercer une influence sur le résultat (Cons. d'État, 11 nov. 1881). L'invalidation ne ferait aucun doute si la majorité était faible ou si en retranchant les voix obtenues dans la commune où les irrégularités se sont produites, l'élu perdait la majorité ; dans ce cas, les faits allégués peuvent avoir eu assez d'influence, pour modifier le résultat du scrutin.

Une circulaire ministérielle du 16 septembre 1874, recommande au président de rappeler les prescriptions légales aux électeurs qui commettent de semblables irrégularités. Aurait-il le droit de plier le bulletin, et même de le refuser ? La question a été très discutée.

Le Conseil d'État (6 janvier 1859) le lui accordait autrefois ; depuis lors, il a changé sa manière de voir. Si un électeur présentait un bulletin ouvert, le président du bureau devrait l'inviter à le plier, mais en cas de résistance, il ne pourrait le refuser. On devrait seulement faire mention au procès-verbal, du nombre d'électeurs ayant persisté à voter à bulletin ouvert (Cons. d'État, 26 juillet 1866). Les présidents de bureau doivent, dit la jurisprudence, recevoir des votes irréguliers, par exemple des bulletins de couleur, ou portant des signes de reconnaissance. « La validité de ces bulletins pouvant être contestée lors du dépouillement, aucune disposition de la loi n'autorise le président du bureau à refuser de les déposer dans l'urne. » (Cons. d'État, 24 juillet 1881.) Rien n'est moins certain, dit-on, que ces irrégularités aient réellement porté atteinte au secret du vote.

Ces raisons ne se retrouvent plus dans la question qui nous occupe. Les doutes qui peuvent s'élever à l'occasion d'un signe de reconnaissance, ne se conçoivent plus ici. La violation de loi est flagrante. Nous estimons qu'il est du droit, et même du devoir d'un président de bureau, de refuser des bulletins ouverts. On ne comprendrait pas, que chargé de faire respecter la loi, il puisse, en acceptant un bulletin manifestement irrégulier, se rendre complice de sa violation. D'ailleurs, si ce droit lui était refusé, rien ne serait plus facile que de faire annuler un scrutin ; quelques électeurs n'auraient qu'à se concerter pour voter à bulletin ouvert.

Un fait certain, c'est que le président du bureau n'aurait pas le droit de déplier les bulletins. L'indépendance des électeurs serait trop gravement compromise. Sans doute, le président doit s'assurer que le bulletin remis par l'électeur est unique, mais il ne lui appartient pas de l'ouvrir, sous prétexte de s'en rendre compte. Il lui suffira de le toucher ou de le froisser entre ses mains, pour découvrir la fraude.

L'élection ne serait pas annulée s'il était constant que cette vérification n'a porté que sur un très petit nombre de bulletins, et uniquement pour faciliter leur introduction dans l'urne (bulletins pliés en forme de boule (Cons. d'État, 12 avril 1889, 6 juin 1889), ou pour s'assurer que le bulletin n'était pas double (3 juillet 1885, 28 janvier 1887), ou au cas d'élection simultanée, pour éviter une confusion.

Au contraire, l'ouverture complète d'un certain nombre de bulletins pourrait être un grief suffisant, si cette manœuvre avait été faite dans des conditions susceptibles de nuire au secret et d'éloigner du scrutin un certain nombre d'électeurs timides.

De cet exposé il ressort que l'électeur doit remettre son bulletin fermé au président et que celui-ci ne peut l'ouvrir. L'inobservation de ces formalités protectrices ne serait une cause de nullité que si elle revêtait un caractère de manœuvre suffisamment accusé, de nature à porter atteinte au secret du vote, à la sincé-rité et à la liberté des élections.

SECTION II

URNE ÉLECTORALE

Nature de l'urne. — Double serrure. — Clefs.

Le président du bureau dépose les bulletins dans l'urne qui doit être, conformément à l'art. 22 du décret réglementaire, « formée à deux serrures, dont les clefs restent, l'une entre les mains du président, l'autre entre celles du scrutateur le plus âgé » (1).

La loi française n'a pas, comme certaines lois étrangères, réglementé en détails la construction et la forme de cette urne. Ce silence n'autorise pas toutefois l'emploi d'un récipient quelconque. L'urne doit satisfaire au vœu et au texte de la loi : conserver le secret et être munie de deux serrures. Ordinairement elle consiste en une boîte percée dans sa partie supérieure d'une fente par où le président dépose les bulletins.

Les prescriptions de la loi ne sont pas exigées à peine de nullité. Les infractions concernant l'urne, sa fermeture, ou les clefs, prises isolément, n'ont pas toujours été considérées comme des griefs suffisants.

---

(1) L'art. 25 de la loi du 5 avril 1884 reproduit la même disposition le mot scrutateur est remplacé par le mot assesseur, ce qui est plus exact.

Elles sont appréciées plus ou moins sévèrement suivant qu'elles sont ou non corroborées par d'autres irrégularités. Les élections sont généralement maintenues toutes les fois que l'inviolabilité de l'urne et le secret ont été respectés. Peu importe qu'on ait fait usage d'une soupière ouverte ou fermée, ou d'une urne en cristal ou d'un double décalitre ; il suffit que les opérations aient été régulières, et que les partisans du candidat n'aient soulevé aucune réclamation.

L'annulation n'est pas prononcée alors même que l'urne ne garantirait nullement la sincérité du scrutin, si aucune tentative de fraude ne s'est produite (Cons. d'Etat, 8 mars 1889) ou si l'élection a eu lieu a une grande majorité (Cons. d'État, 7 juillet 1893).

Au contraire, l'élection devrait être annulée si la majorité obtenue était faible (Cons. d'État, 28 mai 1890), ou si ces irrégularités avaient eu pour but ou pour effet de porter atteinte au secret, à la liberté et à la sincérité des élections. (Cons. d'État, 28 mai 1868). Ainsi jugé pour une urne en verre au travers de laquelle il était possible de distinguer les bulletins, grâce au grain et à la couleur du papier.

Pendant toute la durée du scrutin, l'urne doit rester fermée au moyen de deux clefs : Les membres du bureau sont ainsi dans l'impossibilité de l'ouvrir, soit pour constater les votes des électeurs, soit pour opérer des substitutions de bulletins.

La réception des votes dans une boîte sans couvercle ou dont le couvercle n'est pas fermé à clef, n'est pas nécessairement une cause de nullité. L'inobservation des mesures protectrices sont dues le plus souvent à l'imperfection du matériel électoral ou à la négligence des municipalités. Elle pourrait toutefois servir de base à une allégation de fraude telle qu'addition, soustraction, substitution frauduleuse de bulletins.

Aussi, les Chambres ont décidé (*Monit.* 8 janv. 1849, p. 2021) que l'irrégularité résultant de ce que pendant toute la durée du scrutin, l'urne était restée entr'ouverte, n'entraîne pas la nullité des opérations, si rien n'est allégué qui fasse soupçonner la violation du secret du vote ou la substitution de bulletins. Mais, s'il est reconnu que cette façon de procéder a intimidé les électeurs et en a empêché un certain nombre de voter, le scrutin pourrait être annulé en raison de l'importance de la manœuvre et de la faible majorité recueillie par l'élu.

L'urne doit rester fermée jusqu'au moment du dépouillement. Toutefois, son ouverture pendant les opérations électorales n'entraîne pas toujours leur nullité. Ce fait peut être accidentel et provenir de l'état défectueux de la fermeture de la boîte (13 juin 1874). On a permis au président du bureau d'ouvrir l'urne pour enlever une carte électorale introduite par mégarde (*Monit.*, 13 juin 1848.— Cons. d'État, 22 février 1889), ou à la demande d'électeurs, pour constater que les quelques suffrages émis (5) ne contenaient pas de doubles votes (Cons. d'État, 27 mars 1885).

La fermeture de l'urne est assurée par une double serrure à clefs différentes, dont l'une est remise au président, l'autre, d'après la loi de 1884, à l'assesseur le plus âgé (le décret réglementaire disait scrutateur). C'est une sage précaution contre l'omnipotence et le sans-gêne de certains présidents de bureau ; l'un des détenteurs des clefs voudrait-il ouvrir l'urne, qu'il ne le pourrait ; le concours du président et de l'assesseur est indispensable. Les quelques décisions que nous venons de rapporter à propos de la fermeture elle-même, nous font déjà entrevoir qu'à plus forte raison, l'irrégularité dans le mode de fermeture est sans influence sur l'élection.

Il importe peu que les deux serrures aient la même clef (Cons. d'État, 20 mai 1885), ou que l'urne n'ait été fermée qu'avec une seule serrure (*Monit.* 31 mai 1849, p. 1339. — Cons. d'État, 11 juillet 1890.—27 juillet 1893), ou seulement au moyen de clous (Cons. d'État, 23 décembre 1884), ou de bandes de papier scellées avec le cachet de la mairie. Il suffit de prouver que ces irrégularités n'ont favorisé aucune fraude, que l'urne restée sous la surveillance des électeurs est intacte et qu'elle n'a souffert aucune violence, ni aucune substitution.

SECTION III

Incinération des bulletins.

« Immédiatement après le dépouillement, le résultat
du scrutin est rendu public, et les bulletins, autres que
ceux qui, conformément aux art. 16 et 30 doivent être
annexés au procès-verbal, sont brûlés en présence des
électeurs. » (Art. 31, décret réglementaire.)

L'incinération procure une double garantie : elle
empêche que des électeurs, après avoir ajouté ou soustrait frauduleusement des bulletins, ne viennent
demander un nouveau dépouillement; elle rend impossible l'examen rétrospectif des bulletins.

Les bulletins contestés sont seuls conservés. Il
importe de ne pas les brûler pour les produire à l'appui
des protestations et permettre au juge de l'élection de
décider en parfaite connaissance de cause.

Une proposition tendant à annexer au procès-verbal
tous les bulletins et à les conserver pendant deux mois
à partir de l'élection dans une enveloppe scellée de
manière à pouvoir les représenter en cas d'enquête judiciaire ou administrative, a été repoussée comme étant
susceptible de porter atteinte au secret du vote, surtout
dans les petites communes. Le rapporteur a nettement
indiqué, lors de la confection de la loi municipale, que

les bulletins contestés étaient les seuls qui devaieut être annexés au procès-verbal et par suite conservés. (*Jour. off.*, 3 et 6 juillet 1884, p. 1.550, 1.551 et 1.558.)

Après avoir fait remarquer que les bulletins ne donnent lieu à aucune réclamation, le président les brûle. Cette incinération doit être opérée sitôt après le dépouillement, mais avant l'examen des bulletins contestés et la rédaction du procès-verbal. (Art. 31 du décret réglementaire.)

Si on procédait à l'incinération après l'examen des bulletins douteux ou nuls, des membres du bureau pourraient se croire autorisés à brûler ces bulletins. Cette destruction, qui priverait le juge de l'élection de ses meilleurs éléments d'appréciation, serait de nature à entraîner la nullité du scrutin.

D'autre part, il ressort bien de l'article 29 de la loi municipale que l'incinération doit précéder la rédaction du procès-verbal. Cette formalité fait, en effet, partie des opérations électorales dont le secrétaire est tenu de rendre compte (1).

L'ordre et la régularité de ces dernières formalités ne sont pas cependant prescrites à peine de nullité. Le Conseil d'État admet l'incinération tardive des bulletins et les irrégularités dans le mode d'y procéder. (Cons. d'État, 26 avril 1835.) L'essentiel est que les bulletins aient été brûlés : la bonne foi des membres du bureau

---

(1) Art. 29 — « Immédiatement après le dépouillement, le président proclame le résultat du scrutin.

» Le procès-verbal *des opérations* est dressé par le secrétaire ; il est signé par lui et les autres membres du bureau.....

» Les bulletins autres que ceux qui doivent être annexés au procès-verbal seront brûlés en présence des électeurs. »

et le respect du secret enlèvent tout caractère grave à ces infractions.

Ainsi jugé pour le cas où le président avait levé la séance et ensuite brûlé les bulletins en présence d'un grand nombre d'électeurs, ou seulement devant les membres du bureau, les électeurs présents ayant quitté la salle (Cons. d'État, 15 mars 1837), ou même en l'absence de tout électeur. (Cons. d'État, 15 mars 1885.) Ces irrégularités postérieures à l'élection sont insuffisantes, a-t-on dit, pour la vicier ; ce qu'il importe surtout, c'est que les bulletins aient été brûlés et ne soient l'objet d'aucune vérification.

Il s'est rencontré des maires qui ont brûlé les bulletins avant le dépouillement. Ce zèle intempestif pourrait, suivant les circonstances, ainsi que le décide le Conseil d'État, constituer un délit de soustraction de vote (1).

Nous savons que le procès-verbal doit faire mention de l'incinération, mais cette formalité n'est pas de rigueur. Il serait exorbitant de faire dépendre la validité d'une élection d'un simple oubli. Il suffit que le brûlement ait réellement eu lieu.

Le législateur montre toute l'importance qu'il attache à l'incinération, puisqu'il exige que cette formalité soit relatée au procès-verbal. C'est, en effet, une garantie très importante, en l'absence de laquelle toutefois, l'élection n'est pas nécessairement viciée.

______

(1) DÉCRET ORGANIQUE : ART. 31. — « Quiconque, étant chargé dans un scrutin de recevoir, de compter ou dépouiller les bulletins contenant les suffrages des citoyens, aura soustrait, ajouté ou altéré des bulletins ou lu un autre nom que celui inscrit, sera puni d'un emprisonnement d'un an à cinq ans et d'une amende de 500 francs à 5.000 francs.

Du moment que le secret du vote a été gardé et que cette omission n'a pas été faite dans un but de fraude, à plus forte raison lorsque les réclamants sont eux-mêmes responsables de ces irrégularités, l'élection doit être maintenue. (Cons. d'État, 28 mars 1862. — 4 février 1882).

CHAPITRE V

FRAUDES ÉLECTORALES
MOYENS DE LES COMBATTRE

SECTION Ire

LES ÉLECTIONS SOUS LE SECOND EMPIRE.

Maintenant que nous connaissons les précautions prises par la loi pour assurer le secret du vote, et l'interprétation que la jurisprudence a faite de ces dispositions, il nous paraît intéressant d'examiner rapidement comment, en fait, les élections se sont passées et se passent encore aujourd'hui.

Nous verrons, si réellement, le secret du vote a été respecté, et de quelles fraudes on s'est servi pour le violer.

Sous le premier Empire, les élections n'avaient que l'apparence de la liberté. « Quand on contemplait, dit Benjamin Constant, les deux cents citoyens réunis et surveillés par les vingt délégués du maire, on croyait voir des prisonniers gardés par des gendarmes, plutôt que des électeurs procédant à la fonction la plus auguste et la plus importante ». Bien qu'ils fussent nommés à vie, les divers électeurs ne trouvaient dans cette garantie qu'une protection absolument illusoire ; privés de toute indépendance, découragés par des fraudes incessantes, ils désertaient les urnes et laissaient aux présidents de bureau le soin de les remplir (1).

Les lois électorales de la Restauration et du gouvernement de Juillet protégeaient plus efficacement le secret du vote. L'obligation pour l'électeur d'écrire ou de faire écrire son bulletin sur un papier uniforme fourni par l'administration, offrait des garanties très sérieuses. Déjà indépendant par lui-même, il trouvait dans le droit de rédiger son bulletin, le moyen d'échapper aux sollicitations et aux influences. L'uniformité du papier, l'obligation d'écrire le bulletin sur une table séparée, le mettaient à l'abri des investigations et du contrôle du président du bureau. Sans doute, l'écriture pouvait aider à reconnaître l'électeur, mais en fait, les élections se passaient normalement, et nous n'avons pas sous ce régime, à signaler des irrégularités aussi graves, des élections aussi scandaleuses que celles dont fut témoin le second Empire.

Avec l'introduction du suffrage universel et l'entrée en scène de milliers d'électeurs dépendants, peu instruits et sans éducation politique, nous voyons la fraude, les faits de pression et d'intimidation devenir entre les mains du gouvernement, des procédés électoraux courants et presque réguliers. Il est curieux de constater que c'est précisément au moment où le législateur procure des nouveaux moyens pour garantir le secret

(1) *Revue des Deux Mondes*, 15 juillet 1868 ; André Cochut, p. 428.

du vote, que les atteintes portées au principe sont les plus fréquentes et les mieux organisées.

Les élections de 1863 sont surtout fécondes en renseignements. M. Jules Ferry dans son livre : *La lutte électorale,* M. Lefèvre-Pontalis dans son ouvrage : *Les lois et mœurs électorales en France et en Angleterre,* nous font un tableau saisissant des procédés électoraux alors en usage. Avec le régime de la candidature officielle qui met en mouvement l'administration entière, toute garantie, toute liberté est enlevée aux électeurs. Des fraudes continuelles encouragées par le pouvoir, jamais réprimées, rarement désavouées, permettent aux présidents de bureau, de modifier à leur gré les résultats du scrutin.

Sans doute, le gouvernement répète qu'il réprouve la candidature officielle et les manœuvres pour la faire triompher. Une circulaire du Ministre de l'Intérieur, en date du 8 mai 1863, dit bien que les électeurs ne doivent rendre compte de leur vote qu'à Dieu et à leur conscience, mais en fait, les fonctionnaires, sous peine de destitution doivent agir pour le candidat de l'Empereur. Les maires prennent parti pour lui et s'engagent à fond dans la lutte. Jules Ferry rapporte (1) que le maire d'un petit village eut l'audace de lancer la proclamation suivante : « Le maire de la commune de X... a l'honneur d'inviter généralement Messieurs les électeurs de la commune, à se rendre à la mairie le dimanche 31 courant ou lundi 1er juin, munis de leur bulletin de vote et de leur carte, qui

____

(1) *Lutte électorale* de 1863, p. 11.

leur seront remis pour réélire M. Legris, député, le méritant à juste titre ».

L'administration tout entière prend part à la lutte électorale ; préfets, maires, commissaires de police, gendarmes, travaillent au succès du candidat du gouvernement, qui est déjà, pour mieux assurer la victoire, le dispensateur de toutes les faveurs. Les candidatures indépendantes sont presque impossibles. Leurs agents sont pourchassés, menacés, les bulletins accaparés, détournés, les distributeurs poursuivis, les réunions dissoutes. Les candidatures officielles sont au contraire certaines du succès ; elles ont toutes les facilités ; l'administration a pour elles des complaisances coupables, et avec la complicité des maires nommés par le pouvoir et tout dévoués à sa cause, les scrutins sont falsifiés et le secret du vote compromis.

Sans parler des irrégularités relatives à l'heure de l'ouverture du scrutin, à la constitution du bureau électoral, il importe de mentionner les fraudes dont les bulletins ont été l'objet. Le candidat du gouvernement, pour pouvoir reconnaître le vote d'un électeur, emploie des bulletins teintés, transparents ou d'un grain particulier. Il faut à tout prix différencier ses bulletins de ceux de son adversaire ; peu lui importe qu'il doive les faire remplacer dans la nuit qui précède le vote par des bulletins diaphanes ! Des bulletins de vote attachés aux cartes par des épingles ou des pains à cacheter sont distribués aux électeurs qui parfois les rapportent sans les avoir détachés ou les détachent dans la salle même du vote.

« Le bulletin de vote, dit J. Ferry (1), est un carré

(1) *Lutte électorale*, p. 11.

de papier qu'apporte le garde-champêtre avec recom-
mandation de le porter au maire, deux ou trois jours
après, avec une marque sur une carte ; fixés l'un à
l'autre, bulletin et carte ne font qu'un. » Parfois, les
maires se chargent eux-mêmes de la distribution et,
pour être assurés de l'obéissance de leurs administrés,
ils marquent leurs bulletins d'un numéro d'ordre ou
d'un parafe. A leur entrée dans la salle de vote, après
avoir passé au milieu des agents du candidat, les électeurs sont entourés par les employés de l'administration qui leur demandent leur carte et leur bulletin et
les changent s'ils ne les trouvent pas de leur goût. Le
préfet de l'Oise va même jusqu'à faire cette recom-
mandation à ses subordonnés.

En beaucoup d'endroits, les maires permettent aux
candidats du gouvernement de déposer leurs bulletins
sur la table de vote et refusent cette faveur à leurs
adversaires. Ces moyens d'intimidation et cette façon
de violer le secret des électeurs sont trouvés insuffi-
sants ; pour éviter ces détours, il paraît plus aisé,
quoique plus hardi, « d'ouvrir les bulletins et d'exercer
sur un ou deux électeurs cette tentative d'intimidation
qui propage infailliblement parmi les votants la conta-
gion de la crainte (1) ».

La protection donnée par la loi pour garantir la
sincérité des opérations électorales n'est pas davantage
respectée.

Les urnes affectent les formes les plus variées : ici
une soupière, là un décalitre, une boîte sans couvercle,
un ustensile de ménage. Un député du corps législatif

(1) J. Ferry. — *Lutte électorale*, p. 110.

déclare « (1) que les urnes ne sont plus qu'un terme poétique pour désigner toutes les variétés de vases qui servent à recueillir les bulletins ».

Dans l'intervalle des deux jours du scrutin, le local où est déposée l'urne n'est pas scellé ni même fermé ; des maires prennent même les urnes chez eux ; les électeurs peuvent et doivent avoir toute confiance en leur loyauté !

Arrive le dépouillement : ceux-là seuls sont admis, qui sont partisans avérés du candidat officiel. S'il s'en présente d'autres qui pourraient découvrir et signaler les fraudes, sous prétexte de désordre, on a vite fait de les expulser. Aussi, les procès-verbaux constatent-ils toujours la parfaite régularité des opérations. Les présidents de bureau ne pourraient souffrir qu'il en fut autrement. « Il faut bien peu me connaître, disait l'un d'eux, pour s'imaginer que je consentirais à me laisser ainsi donner du fouet. »

C'est qu'en effet, toutes ces pratiques illégales sont précisément le fait de ceux qui sont chargés de faire appliquer la loi. Plusieurs présidents de bureau croient même de leur devoir d'agir ainsi, si l'on en juge par les admonestations plus ou moins paternelles, que certains d'entre eux adressent aux électeurs dont le vote n'est pas de leur goût. Cette attitude est d'ailleurs encouragée par celle des préfets qui justifient la conduite des maires et les garantissent contre les protestations dont ils pourraient être menacés. Les agissements des agents de l'administration sont excusés, et le tribunal de Meaux va même jusqu'à dire que ces fonc-

(1) *Monit.*, 19 novembre 1863.

tionnaires ne paraissent « pas libres d'agir autrement qu'ils ne font ». Ceux qui veulent faire appliquer la loi, sont vite guéris de leur zèle : « Dans un village des Vosges, des fraudes sont soupçonnées : la boîte du scrutin ne paraît pas, à tort ou à raison, être restée intacte, dans l'intervalle du premier au deuxième jour de l'élection. Le garde-champêtre, s'imaginant qu'il est chargé de surveiller l'exécution de la loi, fait observer qu'une bande de papier employée pour fermer la boîte lui paraît avoir été changée, l'adjoint partage son opinion. Le garde-champêtre fait communiquer sa plainte au procureur impérial : l'altération signalée n'ayant pas été judiciairement constatée, le tribunal de Mirecourt condamne le garde-champêtre et celui qui a porté la plainte au procureur, comme coupables du délit de fausses nouvelles (1) ». La cour de Nancy confirme le jugement, mais les électeurs ne disent plus rien, ils peuvent craindre d'être accusés d'avoir mal vu.

Au dire de certains députés, ces procédés frauduleux exclusifs de toute liberté entâchaient d'illégalité les mandats de la moitié des membres du corps législatif. Le gouvernement n'exerçait aucune poursuite et la Chambre restait impassible devant les protestations. Les hommes politiques d'alors, malgré les difficultés de la lutte, ne perdaient pas tout espoir. Certains rêvaient de voir appliquer un jour en France la devise des élections anglaises : « Franc jeu pour tous. — *Fair play !* » (2).

(1) Lefèvre-Pontalis. — *Lois et mœurs électorales*, p. 137.
(2) *Ibidem*.

Cet idéal de liberté et d'indépendance n'est pas encore malheureusement réalisé. Si le gouvernement n'intervient plus ouvertement dans la lutte, si nous n'avons plus la candidature officielle en nom, elle existe en fait. Les agents du pouvoir, à tous les degrés, le font trop souvent sentir, — les actes de pression des patrons, du clergé ou des socialistes faussent plus d'une fois les scrutins. Des fraudes existent et il en existera toujours.

Nous croyons intéressant de signaler les plus courantes : elles manifestent l'ingéniosité de ceux qui les emploient. Véritables « trucs » électoraux, ils permettent de reconnaître sans difficulté l'électeur qui a déposé le bulletin. Le plus souvent le caractère de légalité qu'ils affectent empêche de les combattre efficacement. A un « truc » on est obligé d'en opposer un autre.

Les fraudes les plus nombreuses concernent les bulletins ; c'est de celles-là seules que nous nous occuperons. Elles portent, en effet, les coups les plus sensibles et les plus directs au secret. Nous les avons déjà rencontrées au cours de notre étude sur les signes de reconnaissance; nous les examinerons ici au point de vue frauduleux et pour montrer par quels moyens on peut les combattre.

SECTION II

———

DES DIVERS MOYENS DE COMBATTRE LES
FRAUDES ÉLECTORALES.

———

A. — COULEUR. — QUALITÉS. — DIMENSIONS DU PAPIER.

L'article 21 du décret réglementaire porte que les bulletins doivent être blancs. Cette indication est trop générale et ouvre la porte à toutes les fantaisies ; de grandes différences peuvent exister entre les bulletins des candidats.

Couleur. — Les bulletins doivent être blancs, mais le blanc est susceptible de tonalités différentes.

Qualité. — Le papier, tout en étant blanc, peut être plus ou moins épais, d'un grain plus ou moins gros : tel papier sera lisse, tel autre sera gaufré. L'aspect ou le toucher des bulletins permettent au président d'un bureau de deviner, sans qu'il fasse la moindre recherche, le vote d'un électeur. Un candidat évitera ces signes de reconnaissance et empêchera que ses bulletins se distinguent de ceux de son adversaire en faisant imprimer à l'avance des bulletins de papier de couleur et de grains différents. Lorsque la distribution des bulletins de l'adversaire aura été faite, on verra quelle série de bulletins, il faut mettre en circulation.

Si le comité n'est pas suffisamment riche pour prendre ces précautions ou s'il lui a été impossible de se procurer des bulletins similaires, les électeurs qui ont lieu de craindre les investigations du président du bureau n'auront qu'à se munir de bulletins au nom du candidat favorisé et à en raturer le nom. Ce procédé s'adresse seulement aux électeurs lettrés. Il en est un autre d'un usage plus commode qui consiste dans l'emploi de bandes gommées. Par suite de sa très légère épaisseur, la bande gommée est imperceptible au toucher. Il est dès lors facile de tromper le président du bureau, qui est loin de soupçonner la présence de la bande gommée et croit recevoir un bulletin au nom du candidat qu'il patronne.

La validité de ces bulletins ne saurait être contestée ; ils doivent être attribués, nous l'avons vu, au candidat dont le nom est imprimé sur la bande. Sans doute, par transparence, on pourra peut-être encore lire à travers le papier pelure le nom de l'adversaire, mais l'intention de l'électeur est trop manifeste pour qu'on puisse se méprendre sur le sens de son vote.

Dimension. — Le silence de la loi quant à la forme et aux dimensions des bulletins, donne lieu à plusieurs fraudes. Les bulletins sont tantôt d'une grandeur exagérée tantôt ils sont minuscules. C'est un moyen de reconnaissance facile.

Pour se précautionner contre les bulletins de grandeur désordonnée, et faire croire que l'on vote

pour le candidat dont ces bulletins portent le nom, on
pourra, ou raturer ce bulletin ou se servir de bandes
gommées. Les bulletins minuscules sont souvent si
petits, qu'ils n'offrent aucun blanc et ne permettent pas
d'écrire ni à côté ni entre les noms imprimés ; il est
impossible d'y faire des ratures et parfois aussi de
réduire les bulletins au format adopté par l'adversaire.
Pour y arriver il faudrait couper une partie des noms
des candidats. La seule ressource se trouve encore
dans l'emploi des bandes gommées. De même grandeur que les bulletins de l'adversaire, elles portent
les noms des candidats, également serrés et écrits en
petits caractères.

Transparence. — Une fraude commune contre
laquelle il est difficile de lutter autrement qu'en faisant
annexer les bulletins au procès-verbal, pour les annuler
ensuite, consiste dans l'emploi du papier transparent.
Nous avons assez déjà étudié cette question pour
qu'il soit nécessaire d'y revenir.

On remédie à cet inconvénient en employant une
encre légèrement grise ou en donnant peu de pression
au tirage.

En résumé, pour combattre les fraudes électorales,
relatives à la couleur, au grain, et aux dimensions du
papier, il est bon de faire imprimer des bulletins sur
des papiers de qualité et de grains différents. Les
caractères doivent être gris et sans apparence au verso.
L'usage des bandes gommées sera l'un des meilleurs
moyens de préservation.

B. — Bulletins raturés et manuscrits

Les fraudes les plus nombreuses et celles dans lesquelles l'esprit inventif des agents électoraux s'est le mieux dévoilé, consistent dans l'emploi de bulletins manuscrits et raturés. Par son silence, la loi autorise les bulletins manuscrits et les ratures ; la combinaison de ces deux marques, permet de reconnaître sans hésitation le vote de l'électeur.

Les ratures peuvent affecter les formes diverses : des lignes parallèles, perpendiculaires, transversales, des circuits embrouillés, etc. etc.

La loi n'ayant pas spécifié la couleur de l'encre dont on doit se servir, l'usage d'encre noire, violette, rouge, ou même de crayon est permis. Voilà donc autant de séries que d'encres différentes et chaque série se compose d'un nombre de combinaisons qui n'a d'autres limites que la variété illimitée des ratures.

La loi autorisant l'emploi des bulletins manuscrits, j'écrirai le nom de mon candidat après avoir raturé l'autre nom. Au moment du dépouillement, il me sera facile de reconnaître mon écriture. Le bulletin n'échappera certainement pas à mon inspection ; la forme particulière de ces ratures aura sûrement attiré mes regards. Je puis varier encore et écrire les noms, soit en écriture cursive, soit en caractères imitant les

caractères d'imprimerie, etc., etc. On peut écrire le
nouveau nom, tantôt sous le nom raturé, tantôt
au-dessus, ou ajouter au nom ses titres que l'on place
sur certains bulletins tantôt immédiatement au-dessous
du nom du candidat qui les porte

tantôt au-dessous de la rature de façon que le nom
biffé se trouve entre le nom du candidat et son titre,

Lorsqu'il s'agit d'élections dans lesquelles le bulletin
porte plusieurs noms, dans les élections municipales
ou dans le scrutin de liste par exemple, l'interversion
des noms de candidats permet un nombre considérable
de combinaisons.

C. — Bulletins portant plus de noms qu'il n'y a de candidats a élire.

Ces bulletins sont valables, mais les noms inscrits
en dehors du nombre réglementaire ne sont pas
comptés. Les courtiers électoraux profitent de cette

disposition de la loi ; ils ajoutent au nom du candidat un autre nom qui sans doute ne sera pas compté, mais qui permettra de reconnaître l'électeur.

La disparition de l'art. 28 de la loi municipale serait à souhaiter. Les lois électorales des cantons de Genève et de Fribourg, déclarent nul « tout bulletin contenant autre chose que le titre de la liste et les noms et qualités des candidats. »

Cette disposition est très sage et supprime du même coup un grand nombre de signes de reconnaissance. Le nom ajouté est parfois le nom même de l'électeur, ou un nom convenu ou un nom historique. Les bandes gommées peuvent aussi servir d'indication ; on les pose de façon à ce qu'elles laissent à découvert un ou plusieurs noms de la liste adverse. Ces derniers noms n'entrent pas en ligne de compte puisqu'ils dépassent le chiffre légal, mais ils constituent un moyen de reconnaissance infaillible.

Nous avons déjà mentionné ces genres de fraude et montré qu'il est difficile d'établir si ces adjonctions constituent des signes de reconnaissance. Leur caractère frauduleux apparaîtra d'après les circonstances et surtout si le nombre de ces bulletins est considérable.

Les combinaisons multiples que nous venons de signaler — et nous en omettons un grand nombre — n'empêchent pas ceux qui les ont faites de les reconnaître sûrement lors du dépouillement du scrutin. Le contrôle est partagé ; les courtiers électoraux ou ceux qui ont distribué des bulletins n'ont jamais à s'occuper de plus de quatre ou cinq bulletins. Cette besogne est encore facilitée par l'insouciance ou la complicité de certains présidents de bureau qui négligent de brûler immédiatement, comme le veut la loi, les bulletins de vote. Quand tous les électeurs auront quitté la salle, les bulletins seront examinés à loisir et ainsi le contrôle s'opérera d'une façon absolument sûre.

Les diverses irrégularités qui affectent les bulletins sont très nombreuses ; elles atteignent parfois dans certaines communes, le quart des votes émis. Rien n'est plus difficile que de pénétrer leur caractère délictueux et de découvrir la manœuvre frauduleuse. La corruption ne sera connue que du corrupteur et de sa victime. L'électeur ne dira rien par amour-propre et pour obtenir ou conserver la situation en vue de laquelle il a précisément voté. Les fraudes relatives aux bulletins raturés sont surtout difficiles à saisir ; ces bulletins sont, en effet, parfaitement réguliers ; ils ne peuvent faire l'objet d'aucune protestation. Le seul moyen d'éviter ces ratures et de rendre la fraude plus difficile, c'est d'employer des bulletins sur papier non collé, pour empêcher les ratures à l'encre, et de ne commencer la distribution des bulletins que fort tard, de façon que les adversaires n'aient que peu de temps pour opérer les raturages et les combinaisons dont nous avons parlé. Ce ne sont là, on le comprend, que de faibles palliatifs.

TITRE QUATRIÈME

ÉTUDE DES PROJETS D'INITIATIVE PARLEMENTAIRE

Les termes généraux de la loi, l'interprétation qui leur a été donnée, les fraudes légales ou celles qu'on ne peut découvrir, ont en définitive rendu le secret du vote absolument illusoire. Aussi, de nombreuses propositions ont-elles été présentées au Parlement dans le but d'assurer le respect de notre principe.

La première, en date du 12 Juin 1865, émane de M. Malézieux ; la dernière, du 6 juillet 1897, de M. Défontaine, député du Nord.

Les majorités qui se sont succédé dans les Chambres, bien que désireuses et convaincues de la nécessité d'une réforme, ont toutes jusqu'aujourd'hui, rejeté ces diverses propositions. Des divergences sur des questions de détail semblent avoir été la cause principale de l'échec de ces multiples tentatives.

M. Malézieux, un des membres de l'opposition libérale, est le premier qui ait proposé au Corps législatif de modifier le décret de 1852. Lors de la discussion de budget de 1865, il demandait sous la forme d'amendement, un crédit de 100.000 francs, pour l'achat d'enveloppes « destinées à garantir l'indépendance matérielle de chaque électeur et l'inviolabilité du scrutin ».

Pour soutenir sa proposition, M. Malézieux présentait
des faits vécus, des arguments solides, réels, tirés de
la pratique électorale.

L'ancienne procédure du suffrage restreint garantissait d'une manière efficace l'indépendance d'électeurs
indépendants par eux-mêmes et par leur situation : ils
écrivaient leur vote ou le faisaient écrire par un électeur de leur choix, sur un papier réglementaire remis
par le président du bureau. Sous un régime de suffrage
universel, il devenait indispensable d'accorder des
garanties nouvelles au corps électoral composé de
l'universalité des citoyens, riches et pauvres, fonctionnaires, ouvriers ou employés.

Le décret de 1852, tout en édictant certaines règles,
laisse le choix entre le bulletin imprimé et le bulletin
manuscrit ; il en résulte que tous votent, surtout dans
les petites communes, avec des bulletins imprimés sous
peine de faire connaître indirectement le sens de
leurs suffrages. Le bulletin imprimé qui passe entre
les mains du président du bureau trahit, nous l'avons
suffisamment démontré, le vote de l'électeur. La couleur
plus ou moins blanche du papier, le grain, le foulage, la
dimension, sont autant de marques dont le décret de
1852 n'a pas parlé. Ces atteintes à la sincérité du
scrutin auraient dû, ce semble, faire adopter l'amendement de M. Malézieux.

Les objections ne manquèrent pas : l'emploi d'enveloppes entraînerait des lenteurs dans le dépouillement,
des doubles votes ; les fraudes se reporteraient des

bulletins sur les enveloppes, etc., etc..... C'était enfin charger notre droit public de nouvelles obligations et mettre en doute la loyauté des fonctionnaires chargés des opérations électorales.

M. Malézieux répondit que ces lenteurs n'étaient pas à craindre, qu'on pouvait adjoindre aux scrutateurs une ou deux personnes pour ouvrir les enveloppes au fur et à mesure qu'on les retirerait de l'urne. — Que si plusieurs bulletins étaient trouvés dans la même enveloppe, si tous étaient au même nom, ils compteraient pour un seul vote, s'ils portaient des noms différents, ils se neutraliseraient et le vote serait nul. En tout cas, ce système ferait disparaître une foule de difficultés (annulation ou admission de bulletin, par exemple) que dans la pratique les bureaux électoraux sont fort embarrassés de trancher.

Aux objections d'ordre moral, M. Malézieux répondit que loin de mettre en suspicion des fonctionnaires loyaux, animés du sentiment de leur devoir, il voulait simplement garantir leur réputation. « Les lois de
» procédure qui sont des lois de précaution, de vigi-
» lance, de défiance même, sont les meilleures sauve-
» gardes de l'honneur, de la réputation des magistrats
» chargés de les appliquer ; ces lois de défiance sont
» comme une barrière qui place l'honneur, la répu-
» tation des magistrats à l'abri des critiques, des
» calomnies, à l'abri des doutes, à l'abri des suspi-
» cions (1). »

L'amendement de M. Malézieux, qui satisfaisait aux

(1) *Moniteur*, année 1865, séance du 12 juin.

exigences du décret de 1852, fut combattu par le gou·
vernement et repoussé par la majorité.

Cette même proposition, reprise aux sessions de
1866, 1867 et 1868, fut, comme la première fois, toujours écartée.

A l'Assemblée nationale, au cours de la deuxième
délibération du projet de loi sur les élections législatives (1), M. Marcel Barthe proposa d'adopter le
mode de votation usité en Suisse : le bulletin manuscrit
écrit par l'électeur lui-même ou par un électeur de
son choix. C'était proscrire le bulletin imprimé et faire
revivre du même coup le mode de votation dont nous
nous étions servis jusqu'en 1848 (art. 41 et 48).

Ce système qui assure la moralité et la sincérité des
suffrages sous un régime électoral restreint, est
incompatible avec le suffrage universel ; aussi fut-il
repoussé.

M. Corne proposa alors d'ajouter à l'art. 5 de la loi
électorale, un paragraphe ainsi conçu : « Le vote est
» secret ; chaque électeur à l'appel de son nom
» enferme son bulletin dans une enveloppe qui reste
» non cachetée et la remet au président. Dans chaque
» section électorale, des enveloppes spéciales et d'un
» modèle uniforme sont, par les mains du maire,
» mises à la disposition des votants ; elles sont placées
» sur une table séparée du bureau ».

Cet amendement succomba en troisième lecture
dans la séance du 24 novembre 1875. sous les attaques
de M. Delsol qui lui reprochait, non pas d'être inutile,

____

(1) *Journal Officiel*, séance du 12 novembre 1875.

mais d'être impraticable, inefficace et dépourvu de sanction.

« Vous allez, disait-il, avec ces formalités nouvelles, provoquer des lenteurs inévitables, augmenter les abstentions déjà trop nombreuses. L'électeur doit pénétrer dans la salle, se diriger vers une table placée à côté du bureau et y prendre une enveloppe pour introduire son bulletin. Notez que ces enveloppes fournies par les municipalités ne peuvent être préparées à l'avance ! Toutes ces manipulations, au moment même du vote, entraîneront des lenteurs décourageantes ; bien plus, elles deviendront impraticables, quand les électeurs se présenteront en grand nombre.

» Inefficace, votre projet l'est aussi ! Dans beaucoup de communes, les électeurs peu familiarisés avec ce mode de votation auront besoin de se le faire expliquer et voilà le secret du vote, perdu, trahi ! Vous n'empêcherez pas qu'au moment où l'électeur mettra son bulletin sous enveloppe, des yeux exercés et subtils ne parviennent à surprendre son vote. »

En tout cas, cette proposition dépourvue de toute sanction, devenait, au dire de M. Delsol complètement inutile. Si dans une commune on vote sans enveloppe, soit que par fraude ou par négligence, que la distribution n'ait pas été faite ou que l'électeur lui-même ait négligé de s'en servir, allez-vous annuler ou compter ce bulletin ? En faire dépendre la validité, d'une mesquine formalité, est d'une sévérité excessive et d'un autre côté admettre ce vote, c'est décréter la ruine de l'innovation.

Ces critiques de détail impressionnèrent vivement

l'Assemblée qui, tout en étant favorable au principe lui-même, repoussa à la très faible majorité de 28 voix la proposition qu'elle avait adoptée quelques jours auparavant.

Après les élections de 1876, M. Le Pommelec présenta de nouveau cette proposition. Prise en considération sans débats, elle fut l'objet d'un rapport de M. Malézieux (22 juin 1877). Toutes les observations présentées lors des précédentes discussions furent mises à profit.

La fabrication, le type des enveloppes, sont l'objet d'une réglementation minutieuse. Pour empêcher de deviner le contenu par le toucher ou par la vue et éviter tout signe de reconnaissance, les enveloppes doivent être d'un type uniforme, impénétrables et de couleur foncée. La parfaite exécution de ces conditions se trouve assurée par l'origine même de ces enveloppes dont la fabrication est confiée à l'État. Enfin, pour éviter que ces enveloppes ne viennent à manquer, l'électeur en même temps que sa carte doit en recevoir deux, et il pourra, moyennant le prix de un centime, en acheter dans les débits de tabac et dans les mairies. Ce projet, par suite de la dissolution de la Chambre, ne fut pas discuté (1).

(1)   TEXTE DU PROJET DE LA COMMISSION

ARTICLE 1ᵉʳ. — Aucun bulletin ne sera reçu ni compté dans les scrutins s'il n'est enfermé dans des enveloppes de type uniforme.

ART. 2. — Pour assurer l'exécution loyale et efficace de l'article précédent, on aura recours aux mesures suivantes : l'administration fera fabriquer des enveloppes offrant par

Dès le début de la législature suivante, MM. Reyneau, Gilliot et Girard soulevaient à leur tour la question.

La commission, par l'organe de son rapporteur, M. Girard, se prononça pour le vote sans enveloppe, après avoir écarté deux nouveaux systèmes : le vote avec étui et le vote avec la cabine d'isolement.

Dans le premier système, les bulletins devaient être enfermés dans un étui en métal et déposés ensuite dans une urne en verre. L'étui ne dissimule guère

leur dimension et leur forme, par une épaisseur suffisante et une couleur aussi peu salissante que possible, les garanties les plus complètes d'uniformité et d'impénétrabilité à l'œil et au toucher.

Art. 3. — Ces enveloppes seront mises en vente au plus bas prix possible, partout où faire se pourra, et notamment dans les débits de tabac, de papier timbré, de cartes à jouer, etc. A l'époque des élections, chaque électeur recevra gratuitement, en même temps que sa carte, deux de ces enveloppes ; de plus, pendant le scrutin, il en sera mis à la disposition des électeurs par les soins du bureau.

Art. 4. — Aussitôt après la clôture du scrutin, les enveloppes seront comptées afin d'en pouvoir comparer le nombre à celui des émargements. Les tables de dépouillement seront, autant que possible, composées chacune d'au moins quatre personnes, de telle sorte que l'une d'elles puisse extraire des enveloppes les bulletins et les passer à une deuxième chargée de les déployer et de les présenter ouverts au président, qui appellera les noms à haute et intelligible voix au fur et à mesure qu'un ou plusieurs secrétaires inscriront les votes en les comptant.

Art. 5. — Si les enveloppes renferment plusieurs bulletins contenant des noms différents, le vote sera nul ; si les bulletins portent le même nom, ils comptent pour un vote. Tout bulletin trouvé dans l'urne sans enveloppe sera considéré comme nul.

Art. 6. — La présente loi sera affichée, pendant les opérations électorales, dans toutes les salles de vote.

mieux le bulletin que l'enveloppe ; son usage et son maniement sont difficiles, surtout pour les électeurs ignorants.

Pour la première fois nous voyons proposer l'isolement momentané de l'électeur par le moyen de stalles, draperies ou paravents. Ajouté, mais non substitué à l'usage de l'enveloppe, cet isolement devait assurer, disait-on, la complète indépendance de l'électeur. A l'abri de tout regard inquisiteur ou indiscret, il aurait le loisir de prendre en mains le bulletin préféré, de le mettre sous enveloppe, sans qu'on puisse à ce moment exercer aucune surveillance.

De peur que le vote du projet ne fut retardé, la commission n'osa pas lier son sort à l'établissement de la cabine d'isolement. La réforme qu'elle proposait ne supprimait sans doute pas tous les abus, mais elle détruisait les plus fréquents et les plus graves.

La rédaction proposée par M. Girard (1), et qui diffère

(1) Proposition faite au nom de la commission, par M. Girard.

Article 1er. — Aucun bulletin de vote ne sera reçu ni compté dans les scrutins publics, s'il n'est enfermé dans une enveloppe d'un type uniforme qui reste cachetée.

Art. 2. — L'administration fera fabriquer des enveloppes, offrant par leurs dimensions, épaisseur et opacité, toute garantie d'impénétrabilité, à la vue comme au toucher. Chaque électeur recevra gratuitement, en même temps que sa carte, deux de ces enveloppes ; en outre, pendant la durée du scrutin, d'autres enveloppes en nombre au moins égal à celui des électeurs inscrits, seront mises à la disposition, par les soins du bureau, en dehors et dans le voisinage de la salle de vote. Enfin, des enveloppes réglementaires seront publiquement exposées en vente dans les débits de tabac et de papier timbré.

Art. 3. — Aussitôt après la clôture du scrutin, le nombre

peu de celle de M. Corne, fut adoptée sans discussion
le 1er Juin 1880, par 303 voix contre 145.

Au Sénat, la commission chargée d'examiner le
projet de loi adopté par la Chambre des députés,
présenta par l'organe de son rapporteur, M. Griffe, un
rapport favorable. Dans ses vues, le vote sous enveloppes ne donnait sans doute pas toutes les garanties,
mais il offrait une notable amélioration.

A la première délibération, la discussion fut longue
et animée. En dépit des objections, l'article 1er ainsi
conçu, fut adopté : « Aucun bulletin de vote ne sera
» reçu ni compté dans les divers scrutins électoraux,
» s'il n'est enfermé dans une enveloppe d'un type
» uniforme qui reste non cachetée. »

On avait dit que les communes supporteraient de ce
chef une dépense évaluée à environ 40 millions et que
les fraudes seraient plus faciles encore. Dans les
petites communes surtout, la distribution de ces enveloppes par les agents de l'administration, ferait revivre

des enveloppes contenues dans l'urne est vérifié. Si ce nombre
est plus grand ou moindre que celui des votants, il en est fait
mention au procès-verbal. A chaque table de dépouillement
composée comme il est prescrit par l'article 27 du décret
réglementaire du 2 février 1852, l'un des scrutateurs extrait
des enveloppes les bulletins et les passe à un autre qui, après
les avoir déployés et lus à haute voix, les présente à un
troisième scrutateur ; les noms portés sur les bulletins sont
relevés sur des listes préparées à cet effet.

ART. 4. — Si les enveloppes renferment plusieurs bulletins,
portant des noms différents, le vote sera nul. Si les bulletins
portent les mêmes noms, ils compteront pour vote. Tout
bulletin trouvé dans l'urne sans enveloppe ou marqué de
signes extérieurs, sera nul ; dans ce dernier cas, le bulletin et
l'enveloppe demeurent annexés au procès-verbal.

des abus et constituerait un moyen de pression très énergique près des électeurs inintelligents. Recevant ces enveloppes par l'intermédiaire des agents de l'autorité, ils pourraient peut-être ne pas les ouvrir ou se croire obligés d'employer les bulletins qui y seraient insérés.

Le rapporteur répondit que devant le résultat, la question de dépense ne devait pas faire hésiter. Les enveloppes ont l'avantage de faire disparaître la multiplicité des bulletins, la lecture du vote par transparence ou par le toucher.

Pour assurer la parfaite exécution de la loi, les enveloppes devaient être non cachetées. La crainte d'un accaparement était chimérique. Chaque électeur devait recevoir avec sa carte deux enveloppes ; des enveloppes en nombre égal à celui des électeurs inscrits seraient mises à leur disposition par les soins du bureau et comme dernière ressource, ceux-ci auraient la faculté d'en acheter à des prix minimes, dans les débits de tabac. D'ailleurs, il est à penser que chaque candidat, pour assurer son élection, ferait distribuer des enveloppes, en nombre suffisant, comme aujourd'hui il fait distribuer des bulletins.

D'autre part, prétendre que les agents de l'administration insèreront des bulletins dans les enveloppes, et que les électeurs les accepteront, est une calomnie ; c'est suspecter l'administration et n'avoir aucune considération pour l'intelligence des électeurs.

La discussion de l'article 2 fut particulièrement vive : cet article, disait M. Clément, porte atteinte à l'exercice même du droit électoral. L'électeur dépourvu d'enveloppes non réglementaires n'est pas admis au scrutin. Que celles-ci, par fraude ou négligence, viennent à manquer, l'électeur ne peut plus voter. Dans ce cas, il faudrait tout au moins lui permettre de voter librement, sans enveloppe. M. Buffet, de son côté ne pensait pas que le système des enveloppes garantisse le secret absolu. Pour l'électeur habile, intelligent, qui ne veut pas voter pour le candidat agréable au président du bureau, il y a un moyen très simple d'échapper à ses investigations, c'est de prendre un bulletin au nom du candidat en faveur, de rayer son nom et de le remplacer par le nom du candidat de son choix.

A ceux-là, la garantie de l'enveloppe est inutile. Pour les électeurs inhabiles et peureux, qui se croient obligés de voter ostensiblement pour le candidat qu'ils redoutent, le système des enveloppes ne donne aucune protection. A la porte de la salle du scrutin, on leur remettra des enveloppes garnies, et sous la conduite et le regard d'agents électoraux, ils iront docilement déposer dans l'urne leur bulletin ainsi préparé. Loin de détruire ces abus, l'enveloppe les facilite.

La liberté complète de l'électeur ne serait assurée qu'à la condition d'appliquer le système suivi en Angleterre. L'électeur entre dans un compartiment, et là, il efface sur le bulletin qu'on lui a remis, les noms des candidats dont il ne veut pas. On peut, il est vrai, acheter l'électeur, mais on n'a pas l'assurance que le marché ait été exécuté par lui.

Dès que l'article 3 vint en discussion, le général Robert proposa sous forme d'amendement, un contre-projet qui rendait cet article inutile. Ce contre-projet devait répondre, au dire du général Robert, au but proposé, sans avoir les inconvénients de l'enveloppe.

« Aucun bulletin de vote ne sera reçu ni compté dans
» les scrutins publics s'il n'est écrit ou imprimé sur
» des feuilles d'un modèle uniforme fournies par l'État
» et mises à la disposition de l'électeur au prix de
» revient. Un règlement d'administration déterminera
» les dispositions diverses de détail, nécessaires à
» l'application de la présente loi. »

Sur la demande du général Robert et du consentement du rapporteur, cette proposition fut renvoyée à une commission qui, le 21 Janvier 1881, émit, sur les conclusions de M. Griffe, un avis défavorable.

Même avec un bulletin uniforme dans ses dimensions et son épaisseur, il est impossible, disait-on, de se prémunir contre les indiscrétions du président du bureau. Cette uniformité excluant tout bulletin non réglementaire, qu'arrivera-t-il, si dans une commune, pour une raison quelconque, ces bulletins viennent à manquer? Admettra-t-on des bulletins non imprimés ou manuscrits ?

Les arguments que le général Robert avait présentés, étaient cependant d'une réelle valeur. Sa première critique portait sur le point de départ de la réforme, sur l'idée qui avait guidé la commission : garder le secret vis-à-vis du bureau.

En admettant que le système des enveloppes assure le secret de l'électeur, il faut encore le garantir contre certaines pressions extérieures. Les enveloppes, sans cabine d'isolement, ne les empêchent pas ; au contraire, elles les facilitent par la difficulté qu'il y a de changer sans être vu, un bulletin déjà renfermé dans l'enveloppe.

Vous suspectez, disait le général Robert, les administrations locales, sinon les enveloppes seraient inutiles ; et c'est aux municipalités que vous confiez le soin de porter à domicile les deux enveloppes de chaque électeur ! L'employé de l'administration chargé de cette distribution pourra glisser un bulletin dans l'enveloppe et nombre d'électeurs ruraux se croiront obligés, par respect pour l'autorité, de déposer dans l'urne, l'enveloppe telle qu'elle leur aura été donnée.

A quoi le général ajoutait que sa proposition avait l'avantage d'être très simple : un seul article posait le principe de l'intervention de l'État pour assurer l'uniformité et l'apparence extérieure des bulletins. Un décret d'administration publique en développerait plus tard les conséquences, réglementerait tous les détails jusqu'à la grandeur des caractères d'imprimerie ; et si par la suite, quelque modification se faisait sentir, on pourrait y pourvoir plus facilement que par une loi.

Ainsi, d'après le général Robert, soit qu'il s'agisse de l'action du bureau ou de l'action d'agents des candidats en dehors de la salle du scrutin, le système du papier uniforme remédie aux inconvénients, et plus sûrement que le projet en discussion.

Le général Robert concluait au rejet du projet en discussion ; l'article 3 et les articles 4, 5 et 6, n'en furent (1) pas moins admis.

(1) ART. 3. — Aussitôt après la clôture du scrutin, le nombre des enveloppes contenues dans les urnes sera vérifié. Si ce nombre est plus grand ou moindre que celui des votants, il en est fait mention au procès-verbal. A chaque table de

La résistance se fit de nouveau sentir et triompha au scrutin sur l'ensemble. M. Vallon fit observer que l'article 1 allait directement à l'encontre du but que l'on voulait atteindre : le vote sous enveloppes devait rendre les erreurs plus nombreuses et les fraudes plus faciles.

Dans les campagnes, beaucoup d'électeurs se figureront que le secret sera d'autant mieux gardé, que l'enveloppe sera cachetée. Un tel vote est nul d'après le projet ; on aura beau déposer des enveloppes non gommées, le paysan ne pensera pas à une omission intentionnelle, il y mettra de la colle !

L'obligation pour le président du bureau de ne pas recevoir une enveloppe irrégulière, lui donne un pouvoir considérable, exorbitant. Est-ce un ami qui vote, celui-ci sera averti de l'irrégularité : on changera l'enveloppe et le vote sera valable. Est-ce un adversaire, on ne lui dira rien et le vote sera nul !

dépouillement, composée comme il est prescrit par l'article 27 du décret de 1852, l'un des scrutateurs extrait des enveloppes les bulletins et les passe à un autre qui, après les avoir déployés et lus à haute voix, les présente à un troisième scrutateur. Les noms portés sur les bulletins sont relevés sur des listes préparées à cet effet.

Art. 4. — Si une enveloppe renferme plusieurs bulletins portant des noms différents, le vote sera nul : si les bulletins portent le même nom, ils comptent pour un vote. Tout bulletin trouvé dans l'urne ou dans une enveloppe non réglementaire, ou dans une enveloppe marquée de signes extérieurs, sera nul. Dans ces deux derniers cas, le bulletin et l'enveloppe demeurent annexés au procès-verbal.

Art. 5. — ....

Art. 6. — La fourniture des cartes électorales et des enveloppes réglementaires est à la charge de l'État.

Le rapporteur répondit que ces craintes étaient exagérées ; les électeurs ne sont pas tellement ignorants, qu'ils ne s'instruisent de leurs devoirs. Des enveloppes sans recouvrement pourraient d'ailleurs être facilement confectionnées, etc.

La clôture de la discussion fut demandée et votée. A la mise aux voix sur l'ensemble 109 sénateurs votèrent pour et 119 contre ; le projet était repoussé à une majorité de dix voix.

Restait le contre-projet du général Robert qui, suivant les volontés du Sénat, avait été réservé, au cas d'échec de la proposition principale. La commission fut chargée de faire un rapport, mais nous n'en avons trouvé aucune trace dans les documents parlementaires.

A la législature suivante, en décembre 1882, M. Corentin Guyho reprit l'idée du général Robert, que la commission d'initiative, contrairement au vote du Sénat, avait négligé d'étudier.

Était déclaré nul, tout bulletin qui n'était pas conforme au type officiel, par la dimension, le grain ou la nuance.

La commission se montra peu favorable : toutefois, elle décida de prendre la proposition en considération et de la renvoyer à la commission chargée d'examiner les propositions Naquet, Folliet et Dreyfus.

M. C. Guyho fut chargé, au nom de cette commission, de présenter un rapport d'ensemble. Ce rapport présente un exposé complet et très clair de la question. Des innovations hardies, plus originales que pratiques, dénotent la double préoccupation d'apporter enfin un remède efficace et de l'appliquer avant les élections générales (1).

Pour garantir le secret pendant le scrutin, notamment vis à vis du président du bureau, la commission

(1)   Proposition de loi

Titre Ier. — *Garanties supplémentaires pour le secret du vote.*

Article 1er. — Dans toutes les élections législatives, départementales ou municipales, le vote a lieu sous enveloppes fermées.

Les enveloppes sont adressées aux municipalités par l'administration départementale ; elles doivent être opaques, non gommées et uniformes pour tout le département.

Art. 2. — Après formation du bureau, le président fait l'ouverture du pli contenant les enveloppes. Ces enveloppes sont ensuite déposées, à un endroit apparent sur la table du bureau. L'électeur choisit lui-même une enveloppe.

Art. 3. — La mise des bulletins sous enveloppe ne doit se faire que dans la salle du scrutin : à cet effet, chaque municipalité est tenu de faire préparer un ou plusieurs abris destinés à isoler l'électeur au moment où il met son bulletin dans l'enveloppe. Après avoir mis son bulletin dans l'enveloppe, l'électeur, sans quitter la salle, introduit lui-même cette enveloppe dans l'urne.

Il est interdit à toute personne, même faisant partie du bureau, de toucher l'enveloppe que tient l'électeur et de s'en faire montrer le contenu. Le bureau veille à ce que l'enveloppe mise dans l'urne soit unique.

Art. 4. — Dans les communes de plus de 10.000 habitants, et sur la demande du Conseil municipal, le préfet pourra, par arrêté rendu pour chaque élection, dispenser ces communes de l'observation de la présente loi, en ce qui concerne le vote sous enveloppe.

Art. 5. — Les électeurs pourront pénétrer dans chacune des salles de vote de leur circonscription, sur la présentation de leur carte d'électeur et sous les conditions de bon ordre établies par les lois déjà existantes.

Il sera envoyé d'avance à chaque électeur dont la résidence

adopta le vote sous enveloppe et le dépôt de l'enveloppe par l'électeur lui-même avec isolement momentané.

Le ministre de l'Intérieur et les partisans du papier uniforme présentèrent diverses observations dont le projet porte la trace. L'approvisionnement d'enveloppes nécessiterait de fortes dépenses non prévues au budget,

sera connue, une carte électorale indiquant le lieu où doit siéger le bureau devant lequel il est appelé à voter.

Ces cartes ne pourront être distribuées que par les agents de l'autorité ou sous bande par la voie de la poste.

ART. 6. — Lors du dépouillement, tout bulletin trouvé dans l'urne sans être sous enveloppe ou qui, étant sous enveloppe, sera marqué d'un signe soit intérieur ou extérieur permettant de connaître l'électeur qui a voté avec ce genre de bulletin, sera annulé et annexé au procès-verbal.

Le chiffre des suffrages exprimés sera compté d'après le nombre d'enveloppes et non d'après le nombre de bulletins.

TITRE II. — *Dispositions pénales.*

ART. 7. — Les maires ou membres de la municipalité, chargés de ce service, qui auraient refusé ou volontairement omis de faire préparer l'abri d'isolement exigé par l'article 3, seront punis d'amende de 25 à 500 francs.

ART. 8. — ....,
....
ART. 9. — ....
....

ART. 10. — Seront punis d'amende de 100 à 2.000 francs et d'emprisonnement de 15 jours à 1 an, tous ceux qui, au moyen de manœuvres frauduleuses, notamment en apposant sur un ou plusieurs bulletins, soit à l'intérieur ou à l'extérieur, un signe distinctif de reconnaissance pour le moment du dépouillement, auront violé ou tenté de violer le secret du vote à l'égard d'un ou plusieurs électeurs. Si le coupable est un fonctionnaire public ou du bureau électoral, la peine sera double.

et en tout cas, semblait difficile à réaliser pour les prochaines élections.

Ces observations furent entendues. Loin d'autoriser comme dans le projet Girard, la vente ou la distribution des enveloppes, la commission ne le permettait que dans la salle du scrutin.

Pour arriver à l'application immédiate de la réforme, sans avoir à craindre le. manque d'enveloppes et les lenteurs du scrutin, les communes peu populeuses où la pression se faisait par conséquent le mieux sentir, seraient les seules à bénéficier pour le moment, des nouvelles dispositions de la loi. Dans toute commune de plus de 10.000 habitants, sur la demande du conseil municipal, la législation actuelle restait en vigueur, sauf le droit donné au préfet de refuser suivant les circonstances cette exemption à la loi. Il devait s'inspirer des mœurs et des pratiques électorales de la localité.

De là, il résultait que les petites communes qui généralement sont les moins riches étaient les seules à supporter le poids de la réforme : on répondit que les électeurs ne devaient pas se plaindre de payer leur liberté par une dépense aussi minime.

La commission n'imposait aucun type d'isoloir. Peu lui importait que ce fut une cloison en planches ou une tenture ; elle exigeait seulement son établissement à peine d'une amende de 25 à 500 francs contre les administrateurs municipaux négligents ou récalcitrants. Le dépôt de l'enveloppe par l'électeur empêchait que le président n'y fit une marque pour la reconnaître au moment du dépouillement.

Cette série de dispositions protectrices se terminait par une mesure judicieuse et sage : les salles de vote n'étaient plus seulement accessibles aux électeurs de la section mais à tous ceux d'une même circonscription.

Dans les petites communes, la surveillance du scrutin est très difficile. Les maires président ; dès lors, peu d'électeurs osent lui faire des observations et les consigner au procès-verbal. Pour rendre le contrôle plus efficace, la surveillance des opérations est confiée, non pas aux seuls électeurs de la commune dont l'indépendance est paralysée, mais à tous les électeurs de la circonscription.

L'époque tardive des débats, et par suite l'impossibilité d'appliquer pour les élections de 1885 le nouveau système, fut la principale cause du rejet de la proposition Guyho.

Cette idée fut reprise par MM. Laporte et Folliet sous la forme de deux propositions qui diffèrent peu de la précédente ; elles consacrent l'une et l'autre le vote sous enveloppe.

D'après le projet Laporte (1), les enveloppes fournies par la municipalité sont déposées dans une corbeille placée dans l'angle de la salle de vote le plus rapproché de la porte d'entrée ; l'électeur après avoir choisi lui-même une enveloppe, y met son bulletin et l'introduit dans l'urne.

Les enveloppes doivent être opaques et uniformes ;

(1) ARTICLE 3. — ..... Tout bulletin est renfermé dans une enveloppe déposée dans des corbeilles placées dans l'angle de la salle du scrutin le plus rapproché de la porte d'entrée. L'électeur rentre avec son bulletin préparé d'avance, prend une enveloppe, enferme son bulletin et le remet lui-même dans l'urne.

pour empêcher tout signe de reconnaissance, taches, plis, froissements, elles sont déposées dans la salle du scrutin. La disposition des corbeilles oblige l'électeur à tourner le dos au bureau quand il glisse le bulletin dans l'enveloppe ; les alentours de la corbeille doivent être libres et accessibles à un seul électeur à la fois. Ces dispositions remplacent, dans une certaine mesure, la cabine d'isolement.

M. Folliet admettait simplement le vote sous enveloppe que l'électeur remettait au président du bureau.

La commission chargée d'examiner ces deux propositions fut d'avis d'en adopter le principe, tout en modifiant le texte. Elle exigea des mesures complémentaires : l'uniformité des enveloppes dans un même collège électoral, l'aménagement d'un abri et le dépôt du bulletin dans l'urne par l'électeur. L'enveloppe devait être fournie par l'administration et déposée dans la salle du scrutin. Après l'avoir choisie, l'électeur entrait dans un compartiment isolé pour y introduire son bulletin qu'il déposait lui-même dans l'urne.

Quant aux fraudes, que des dispositions matérielles ne pouvaient atteindre (signes de reconnaissance), elles étaient réprimées par des mesures rigoureuses. Tout bulletin marqué de signes de reconnaissance devait être annulé et de fortes peines étaient prononcées contre ceux qui, au moyen de manœuvres frauduleuses, auraient violé ou tenté de violer le secret du vote. Ce projet était celui qu'avait présenté quelque temps auparavant M. Corentin Guyho.

Les articles 1 et 2 furent admis sans difficulté ;

l'article 3, malgré une vive opposition, fut néanmoins adopté par 347 voix contre 142.

La résistance se manifesta plus forte lors du vote de l'article 7, prescrivant des pénalités contre les maires qui auraient refusé ou volontairement omis de faire préparer l'abri d'isolement. Cet article fut repoussé. C'était enlever toute sanction à l'article 3 et permettre par cela même de le violer impunément. Le rejet de cette disposition pénale et le dépôt de deux contre-projets dûs à l'initiative de MM. Turrel et Boissy d'Anglas, provoquèrent un rapport supplémentaire et une nouvelle rédaction.

M. Turrel proposait d'employer « un papier spécial, » d'un type uniforme pour chaque élection dans le » même département. »

Ce procédé garantit très imparfaitement le secret du vote : la différence de grandeur des bulletins, l'impression, la coupe, sont autant de signes extérieurs que M. Turrel ne supprime pas et qu'il ne peut empêcher. Dès lors, si tout bulletin de dimension irrégulière est nul, un candidat déloyal pourra faire imprimer, au nom de son adversaire, des bulletins de forme non réglementaire et rendre nulles un grand nombre de voix.

M. Boissy d'Anglas reproduisait la proposition Girard.

Dans un rapport supplémentaire, M. Gaussorgues repoussait énergiquement ces deux contre-projets, pour revenir au système des enveloppes.

Les articles 3 et 6, l'un ordonnant l'établissement d'abris, l'autre de pénalité, étaient supprimés.

Le ministre de l'Intérieur, interrogé par la commission, s'était opposé à l'installation des isoloirs : il croyait difficile et imprudent d'acclimater chez nous un système, qui était une véritable révolution dans notre manière de voter.

L'article 3 fut remplacé par une garantie d'un autre ordre, empruntée au projet de M. Folliet. Tout candidat avait un droit de surveillance et de contrôle, pour empêcher les fraudes et les actes de pression. La nouvelle rédaction ne fut pas discutée.

Le 28 juin 1890, M. Trouillot présenta un rapport sur les propositions de MM. Boysset, Boissy d'Anglas, Gaston Laporte et Trouillot. La commission, d'accord avec le gouvernement, préféra cette fois le papier uniforme à l'enveloppe. L'administration devrait fournir aux candidats le papier réglementaire dans les quarante-huit heures de la réquisition. Tout électeur recevrait en même temps que sa carte, un bulletin blanc ; les bureaux de l'État pourraient même en vendre.

Le projet édictait des pénalités contre les agents chargés de la distribution des bulletins : la commission les supprima et maintint seulement les pénalités contre ceux qui confectionneraient ou distribueraient des bulletins non réglementaires (1).

---

(1) PROPOSITION TROUILLOT

ARTICLE 1er. — Les bulletins électoraux ne pourront être imprimés que sur papier d'un type uniforme, fourni aux candidats par les soins de l'administration, dans les préfectures et sous-préfectures : les dimensions seront fixées par décret du ministre de l'Intérieur.

ART. 2. — Le prix du papier sera fixé également par décret

C'était enlever tout caractère pratique à la loi et permettre l'oppression des agents du pouvoir. « Au lieu d'être une loi de liberté et de protection pour l'électeur, elle pourrait devenir un instrument d'arbitraire et d'opression pour le candidat ; entre les mains du gouvernement elle peut devenir un danger ».

du ministre de l'intérieur, au cours de l'époque, majoré de 2 °/₀ pour frais de manipulation et de vente.

Art. 3. — Tout bulletin imprimé sur un autre papier que le papier réglementaire sera considéré comme nul et n'entrera pas dans le calcul de la majorité ; il en sera de même de tout bulletin d'une dimension différente de la dimension fixée par décret ou qui serait altéré par des procédés de rognage, de maculation ou de foulage, qui constitueraient des signes de reconnaissance.

Art. 4. — Le vote par bulletin ouvert est interdit. Est interdite également toute distribution de bulletins manuscrits, excepté en matière d'élection municipale dans les communes où le chiffre des électeurs est inférieur à 500. Toute infraction sera punie d'une amende de 50 à 1.000 fr. et d'emprisonnement de 8 jours à 6 mois.

Art. 5. — Seront punis d'une amende de 100 à 2.000 fr. et d'un emprisonnement de 15 jours à 1 an ceux qui, au moyen de manœuvres frauduleuses, notamment en apposant sur un ou plusieurs bulletins, soit à l'intérieur, soit à l'extérieur, un signe distinctif de reconnaissance pour le moment du dépouillement, auront violé ou tenté de violer le secret du vote à l'égard d'un ou de plusieurs électeurs.

Proposition Laporte 1890

Même rédaction que le projet de 1885 : elle ne dit plus que l'électeur entre avec son bulletin préparé, au contraire :

« ..... L'électeur prend une enveloppe, met dans cette enveloppe son bulletin de vote, et introduit lui-même dans l'urne, sur l'invitation qui lui en est faite par le président du bureau, l'enveloppe contenant son bulletin de vote. »

Chargée de la mise en vente du papier, l'administration préfectorale, pour favoriser un candidat, pourrait refuser le papier à l'adversaire [ou ne le délivrer qu'à la dernière minute et en quantité insuffisante ; il serait alors impossible de faire imprimer ou distribuer les bulletins.

Sous prétexte d'assurer la liberté des électeurs, la commission frappe d'une peine de six jours à six mois, toute personne qui exercera une surveillance quelconque sur les autres électeurs, soit dans la salle de vote, soit aux alentours du scrutin.

Cette disposition allait contre le but même que se proposaient ses auteurs ; si elle rend impossible une fraude difficile, elle facilite aux membres du bureau, une fraude beaucoup plus fréquente. Les membres des bureaux électoraux, sous prétexte d'empêcher la surveillance des électeurs, s'affranchiront de tout contrôle, et seront dès lors absolument libres.

Le nouveau système du papier uniforme offrait, disait-on, un grand inconvénient ; il pouvait très bien conduire à enlever à l'électeur le droit de vote. Supposons qu'un électeur se présente au dernier moment, quelques minutes avant la fermeture du scrutin. Il a perdu le bulletin qu'on a lui a donné, il n'y a pas dans la commune d'établissements où il pourra en acheter, les distributeurs eux-mêmes ont peut-être déserté la salle. Voilà l'électeur privé de son droit de vote.

Dans ce cas qu'adviendra-t-il ? Le rapporteur répondit qu'on supposait l'impossible. L'intérêt des candidats impose la distribution de bulletins, même à l'heure de la fermeture du scrutin. L'électeur trouvera toujours des bulletins : il en aura déjà reçu avec sa carte et de très larges distributions auront sans doute déjà eu lieu. « Ceux qui n'ont pas de bulletins, disait le rapporteur, sont ceux qui ne veulent pas voter ».

M. Jourde se déclarait partisan d'un papier uniforme mais il trouvait abusif que la fourniture du papier, l'impression des bulletins, la livraison dans un délai déterminé, fussent laissés à la charge de l'Etat.

Un candidat riche fera une ample provision de bulletins pendant la période électorale : le candidat pauvre commandera ses bulletins, seulement l'avant-veille de l'élection. Un grand nombre sera gaspillé et quand il en demandera à l'administration de nouveaux, celle-ci répondra s'il n'est pas de ses amis, qu'elle a un délai de 48 heures pour les lui fournir.

Quand on vint à passer à la discussion des articles, M. le Hérissé déposa un contre-projet dont l'article 1er était ainsi conçu : « Dans toute élection, chaque élec- » teur devra voter en renfermant son bulletin sous » une enveloppe opaque et uniforme, mise à sa dispo- » sition par les soins des municipalités et ce, sous » peine de nullité de suffrages exprimés. »

Ce contre projet examiné et repoussé par la commission n'était que la reproduction du projet Boissy-d'Anglas, adopté précédemment par la Chambre.

Lors de la mise aux voix il rencontre 123 partisans et 403 adversaires ; on passa ensuite un projet de la commission qui n'eut pas un meilleur sort. Par 317 voix contre 177 il fut rejeté.

Il fallait cependant protéger l'électeur, éviter les

obsessions et la contrainte, faire aboutir une réforme quelconque. C'est alors que M. Dumay proposa, mais sans succès, d'interdire la distribution des bulletins de vote dans un périmètre de 30 mètres autour de la salle du scrutin.

Ces tentatives infructueuses, renouvelées régulièrement avec quelques légères variantes à chaque législature, parfois même plusieurs fois, n'ont pas découragé les défenseurs de la liberté électorale. Le dernier projet présenté aux Chambres date du 6 juillet 1897. Son auteur, M. Défontaine, y réunit les divers systèmes proposés jusqu'à ce jour, papier uniforme, enveloppe, abri d'isolement (1).

La commission chargée, sous la présidence de

---

(1)   Proposition de loi de M. Défontaine

Article 1er. — L'électeur ne peut introduire dans l'urne son bulletin de vote que revêtu de l'enveloppe officielle.

Art. 2. — Des enveloppes opaques et à type uniforme seront fournies par l'administration municipale. Elles seront déposées sur la table de vote et laissées à la disposition de chaque électeur à son entrée dans la salle de scrutin.

Art. 3. — Les bulletins de vote, manuscrits ou imprimés, seront de papier réglementaire et de dimensions déterminées ; leur distribution en sera faite par les soins du candidat.

Art. 4. — Il sera disposé dans la salle de vote des cabines d'isolement, à raison de une par six cents électeurs inscrits ou fraction de 600. L'électeur se rendra dans l'isoloir avec l'enveloppe destinée au vote ; il ne pourra s'y arrêter que le temps nécessaire à la préparation des bulletins.

Art. 5. — Le nombre d'enveloppes trouvé dans l'urne au moment du dépouillement du scrutin devra être égal à celui des émargements.

Art. 6. — Au cas où l'enveloppe contiendrait plusieurs bulletins, le vote sera nul si ces bulletins portent des noms

M. Bienvenu Martin, d'examiner le projet de M. Défontaine, ne crut pas devoir l'admettre intégralement. Elle rejeta le bulletin sur papier officiel pour s'en tenir à l'enveloppe et à la cabine d'isolement (1).

Lors de la discussion générale, M. Charles Ferry se

différents ; ils ne compteront que pour un seul s'ils désignent le même candidat.

Art. 7. — Sera déclaré nul, tout bulletin contenant autre chose que les noms, prénoms et titres des candidats, avec l'en-tête habituel des bulletins de vote.

Art. 8. — Sera déclaré nul, tout bulletin contenu dans une enveloppe non officielle ou marquée de signes particuliers.

Art. 9. — Les bulletins et enveloppes qui seraient contestés ou annulés doivent être annexés au procès-verbal.

(1)   Projet de la Commission

Article 1er. — Dans toutes les élections, le vote a lieu sous enveloppes non cachetées.

Art. 2. — Il sera disposé dans chaque salle de vote, pour les électeurs, plusieurs compartiments d'isolement.

Art. 3. — Les enveloppes sont fournies par l'administration préfectorale ; elles doivent être opaques, non gommées et d'un modèle uniforme pour chaque collège électoral. Elles sont envoyées au maire cinq jours au moins avant l'élection en nombre supérieur d'un quart à celui des électeurs inscrits. Le jour du vote, elles sont déposées sur la table autour de laquelle siège le bureau.

Art. 4. — Si, par suite d'un cas de force majeure ou du délit prévu à l'article 9 ou pour toute autre cause, les enveloppes réglementaires font défaut, le président du bureau est autorisé à les remplacer par d'autres enveloppes d'un type uniforme et à procéder au scrutin, conformément aux dispositions de la présente loi. Mention est faite de l'incident au procès-verbal et les enveloppes dont il a été fait usage y sont annexées.

Art. 5. — L'électeur choisit une enveloppe ; il se rend dans l'un des compartiments prévus à l'article 2 pour mettre son bulletin dans l'enveloppe, puis, sans quitter la salle, il remet fit le porte parole des adversaires. Il réédita les critiques qui avaient déjà été formulées au cours des anciennes discussions. « Il semble, disait-il, que plus on entoure un droit aussi primordial que celui de

l'enveloppe au président qui la dépose dans la boîte du scrutin.

Art. 6. — Tout électeur atteint d'infirmités qui l'empêchent de mettre lui-même son bulletin dans l'enveloppe, peut être autorisé par le président à se faire assister par un électeur de son choix.

Art. 7. — Les articles 27, 30 et 31 du décret du 2 février 1852 sont modifiés ainsi qu'il suit :

« *Art. 27.* — Après la clôture du scrutin, il est procédé au dépouillement de la manière suivante, etc., etc. Si une enveloppe renferme plusieurs bulletins portant des noms différents, le vote est nul ; si les bulletins portent les mêmes noms, ils comptent pour un vote.

» *Art. 30.* — Les bulletins blancs, ceux ne contenant pas une désignation suffisante ou dans lesquels les votants se font connaître, les bulletins trouvés dans la boîte sans enveloppe ou dans une enveloppe non réglementaire, n'entrent point en compte dans le résultat du dépouillement, mais ils sont annexés au procès-verbal ainsi que les enveloppes non réglementaires.

» *Art. 31.* — .... »

Art. 8. — Sont mis au nombre des dépenses obligatoires des communes, les frais d'installation des compartiments prévus à l'article 2 de la présente loi et les frais de fourniture des enveloppes.

Art. 9. — Toute personne qui aura détruit ou soustrait des enveloppes en vue d'empêcher ou de troubler les opérations du scrutin, sera punie d'un emprisonnement de 6 jours à 6 mois et d'une amende de 25 à 500 fr.

L'article 463 du Code pénal est applicable au délit prévu par le paragraphe précédent.

Art. 10. — ....

Art. 11. — ....

Art. 12. — ....

l'électeur de formalités, de prescriptions, plus on lui enlève de son efficacité, plus on lui enlève de sa valeur ».

M. Charles Ferry estimait que l'absence de sanction, au cas ou l'abri d'isolement ne serait pas établi, laissait la porte ouverte à toutes les réclamations des candidats évincés. M. Barthou, ministre de l'Intérieur, fit remarquer que le rapporteur n'avait pas répondu aux critiques de détail, et qu'en réalité « c'est dans l'application qu'une proposition comme celle-ci est intéressante ».

A son avis, le projet n'était pas suffisamment explicite ; il ne disait ni par qui les enveloppes devaient être fournies ou fabriquées, ni ce qu'il adviendrait des enveloppes sans bulletin.

Les maires étaient investis d'un pouvoir exorbitant pour le cas où, par force majeure, les enveloppes viendraient à manquer ; l'article 4 du projet de la commission autorisait le président du bureau à les remplacer par d'autres enveloppes d'un type uniforme. Que faire, si dans la commune on ne trouvait pas d'enveloppes uniformes ?

Employer le mode de votation actuellement en usage ? Mais ce serait laisser, dans chaque commune, on peut facilement le prévoir, le mode de scrutin à l'arbitraire des maires, à leur discrétion complète. L'article 2 relatif à la cabine d'isolement se contentait de dire qu'il serait disposé, dans chaque salle de vote, pour les électeurs, un ou plusieurs compartiments d'isolement, sans donner aucun détail sur leur construction. C'était insuffisant : ici encore on laissait tout à l'arbitraire des municipalités.

Le rapporteur répondit à ces critiques et il consentit même à effacer l'article 2 relatif à l'établissement de l'isoloir. Malgré ces réponses et ces concessions, la Chambre, par 265 voix contre 216, décida de ne pas passer à la discussion des articles.

Enfin, la voilà close, cette longue liste de projets et de contre-projets qui, depuis 30 ans, sont périodiquement présentés aux Chambres.

Que sont-ils devenus et à quoi ont-ils abouti ? Quelques-uns ont eu l'honneur de la discussion ; du plus grand nombre, on ne sait ce qu'il est advenu ; on perd leurs traces dans le dédale de la procédure parlementaire. Un député bien intentionné viendra au début d'une législature les y chercher ; il les rajeunira, les habillera à la mode du jour. Mais ce malheureux projet, après avoir été confié aux bons soins d'une commission bienveillante, succombera comme les autres sous le vote des Chambres.

Il serait cependant grand temps que nos députés se mettent, sans parti pris, à l'étude sérieuse et impartiale de la question. Qu'ils fassent aboutir une réforme, ou bien nous serons en droit de les accuser de mauvais vouloir et de penser qu'ils trouvent des avantages dans les abus qu'ils ne veulent pas réprimer.

TITRE CINQUIÈME

LÉGISLATION COMPARÉE

L'étude de la législation française et des projets d'initiative parlementaire ne nous permettrait pas d'envisager la question sous tous ses aspects; ces limites sont trop restreintes. Il nous a paru intéressant de passer en revue les principales lois électorales de l'étranger. Nous pourrons ainsi voir en plein exercice, les divers systèmes de votation, apprécier leurs inconvénients et leurs avantages. De la théorie nous passons à la pratique.

Nous verrons fonctionner le vote public et le vote par bulletin avec ses multiples variantes. Les réformes accomplies dans les diverses législations nous feront aussi mieux sentir les lacunes de la loi française et comprendre l'urgence et la facilité de les combler.

HONGRIE

De tous les États de l'Europe, la Hongrie est celui qui possède la plus ancienne organisation constitutionnelle. Dès 1223, deux Chambres, celles des Magnats et des Représentants, collaboraient au Gouvernement.

L'organisation de la Chambre haute n'a pas beaucoup changé. Au contraire, la composition de la Chambre basse a été modifiée dans un sens plus démocratique au lendemain de la révolution hongroise. Accordé seulement aux nobles et aux citoyens pourvus de diplômes universitaires, le droit de vote a été étendu par la loi de 1848. Depuis lors, diverses lois, notamment celles de 1874 et 1878, ont apporté quelques améliorations au pacte fondamental.

La Chambre des Magnats se compose de membres de droit ; celle des Représentants, de députés élus au suffrage restreint et au scrutin public.

La direction des élections appartient à une commission centrale, élue au scrutin secret par l'assemblée générale de la circonscription. Cette commission est en outre chargée de confectionner et de réviser les listes électorales. A la tête de l'organisation électorale de la circonscription se trouve le président du collège. Il a pour mission de veiller au maintien de l'ordre et peut requérir directement la force armée.

Vingt jours au moins avant l'ouverture de la période électorale, le ministre fixe le délai de dix jours pendant lequel les élections devront avoir lieu. La commission choisit la date du scrutin qui s'ouvre toujours au chef-lieu du district. Il en résulte, nous le verrons, des déplacements coûteux et dangereux pour la paix publique. Les circonscriptions sont divisées en districts, et, s'il y a lieu, en plusieurs sections à la tête desquelles se trouve un président nommé par la commission centrale.

A chaque comité est attribuée une ou plusieurs communes qui viennent voter selon l'ordre fixé. Les électeurs de la commune où siège le bureau votent toujours les premiers ; au moment du vote d'une commune, deux électeurs de cette commune et un représentant du candidat sont adjoints au bureau pour constater l'identité des votants. Si le candidat a oublié de choisir son homme de confiance ou si celui-ci fait défaut, le président du comité le nomme lui-même.

Pour être candidat, il faut avoir été présenté par un électeur, sur un écrit remis au président du collège, au plus tard une demi-heure avant le scrutin. Si un seul candidat se présente et si sa candidature ne soulève pas de protestations, il est proclamé élu. S'il y a plusieurs candidatures ou si dix électeurs au moins le réclament, le scrutin est de droit. Il s'ouvre à 9 heures du matin pour se continuer sans interruption jusqu'à ce que toutes les communes aient voté. Il n'est pas rare de voir les élections se prolonger dix jours consécutifs, y compris les nuits.

Les électeurs ne se présentent pas individuellement mais par communes, et, dans chaque commune, par opinion. La commission centrale désigne la commune qui votera la première ; le sort décide pour cette commune, le parti qui sera le premier admis au scrutin ; les partis alternent ensuite pour les autres communes. (Art. 75). Cette disposition oblige les partisans d'un même candidat à se grouper. S'ils étaient mêlés les uns aux autres ou dispersés, soit dans la cour ,soit dans la salle de vote, on pourrait craindre qu'ils n'en viennent aux injures et peut être aux mains ; des barrières et des agents de la force publique séparent les groupes et empêchent toute collision.

Les électeurs se présentent devant le président de la section ; leur identité reconnue, ils nomment à haute voix leur candidat. A ce moment, « il est interdit d'influencer ou de persuader le votant ; le président peut seul, dans les limites de sa tâche, questionner les électeurs » (art. 77, loi de 1874). Le secrétaire, en même temps qu'il émarge le nom de l'électeur, note le nom du candidat pour lequel il vote, la commune et le quartier dont il fait partie. Une fois commencé, le scrutin doit se poursuivre sans interruption : il ne peut être clos qu'à la demande des deux partis ou lorsque, depuis une heure, personne n'a voté.

Le vote de toutes les communes terminé, il est accordé un délai de une à deux heures, au gré du président du bureau, pour permettre aux retardataires de voter ; ce temps écoulé, le scrutin est définitivement clos. Les suffrages sont comptés dans chaque bureau et leurs résultats centralisés par le président du collège qui proclame élu le candidat qui a obtenu la majorité des suffrages. Un procès-verbal de ces diverses opérations est rédigé en trois exemplaires pour être remîs l'un au candidat élu, l'autre aux archives de la juridiction et le troisième au ministre de l'Intérieur.

Telle est la loi hongroise : elle est curieuse et originale. Son application ne l'est pas moins ; rien n'est plus intéressant qu'une élection en Hongrie. Le peuple se révèle avec toutes les qualités et les défauts de sa race ; il déploie une ardeur et une conviction que l'on ne rencontre nulle part ailleurs. « En Hongrie, peu de sceptiques et d'indifférents, tous se passionnent sur tous les sujets avec sincérité (1). » Il n'y a rien d'étonnant que les élections mettent en effervescence tout le pays. « Chez nous, disait un général hongrois, il nous semble que tout vaut mieux que l'apathie, même les coups de couteau ; quand les Hongrois seront calmes, ils seront morts. »

Cette agitation, ces tumultes, qui nous semblent l'indice d'une civilisation arriérée, paraissent tout naturels aux Hongrois. Une élection pour eux, c'est un jour de bataille, un jour de fête. Dans une commune, les électeurs de la même opinion se réunissent ; ils s'en vont par bandes au chef-lieu, se grossissent en route et forment bientôt des groupes compacts et décidés. Empanachés de plumes et de fleurs, les emblèmes du parti à la boutonnière et au chapeau, « ils entrent dans la ville, acclamés par les amis et hués par les adversaires. On dételle sur quelque place, on

____

(1) Mᵐᵉ Adam. — *La Patrie hongroise*, page 132.

entrave les chevaux et on se rend au scrutin. Là, des orateurs encouragent leurs partisans et injurient leurs adversaires. Les électeurs se provoquent, ils sont divisés en deux camps, les rouges et les verts, par exemple ; tour à tour, les bandes de l'une ou l'autre couleur défilent devant le comité électoral sous la surveillance des courtiers d'élection. Pendant ce temps, les tziganes jouent toujours et l'on ne cesse de boire que pour retourner boire » (1).

Mais, pour arriver au scrutin, le voyage a peut-être été pénible ; si les groupes se rencontrent, parfois on en vient aux mains. Qu'importe ! n'est-ce pas noble pour un Magyar de se faire « de temps en temps casser la tête en l'honneur de la patrie hongroise (2). « Si ces cortèges se rencontrent, dit un journal du pays, que voulez-vous qu'ils fassent? Qu'ils se disent poliment bonjour et qu'ils passent tranquillement leur chemin; ce serait peut-être trop demander à une troupe de paysans grisés par les vins capiteux, si abondamment prodigués dans les cabarets de ralliement. Les autorités devraient prévenir et empêcher ces rencontres; elles le font aussi, quelquefois elles se produisent quand même. De fiers gaillards, les agents électoraux haranguent les masses et les invitent à se montrer dignes du nom Magyar et à accepter la lutte ».

La loi de 1874 et la loi pénale de 1878 ont bien essayé de réprimer· et de calmer par des pénalités rigoureuses, ces causes de désordre. — Les offenses

<hr>

(1) Lefèvre-Pontalis. — *Les élections en Hongrie.* REVUE POLITIQUE ET PARLEMENTAIRE, année 1897, page 55.

(2) Mme Adam. *La patrie hongroise*, p. 168,

adressées aux personnes chargées des opérations
électorales, sont punies d'une amende de 500 florins et
d'une détention de trois mois. Tout électeur convaincu
d'avoir apporté des entraves aux opérations est
passible de la perte de l'électorat pendant trois ans et
de deux ans de prison. Sont punies d'une amende de
500 florins et de trois mois de détention, les violences
et les menaces tendant à empêcher un électeur de voter.
Les opérations électorales ont-elles été interrompues
ou annihilées, la peine peut être portée à trois ans de
prison avec privation des droits électoraux pendant le
même temps. La peine est aggravée si un fonctionnaire s'en est rendu coupable. L'autorité administrative peut infliger une détention de trois à trente
jours à ceux qui troublent l'ordre dans le local de
l'élection ou refusent de livrer une arme ou une
canne aux préposés chargés de maintenir l'ordre.

L'article 104 de la loi de 1874 interdit sous peine d'une
amende de 100 florins et de vingt jours de détention,
de hisser les drapeaux ou les emblèmes d'un parti sur
les temples, bâtiments publics de l'État, du comitat
de la ville ou de la commune, ou sur les écoles
publiques. Il est également interdit de les enlever de
force, de tout endroit où la loi permet de les placer.
Les réunions publiques, processions et autres solen-
nités des partis, doivent être annoncées la veille à
l'autorité qui peut toujours s'y faire représenter.

Ces prohibitions n'ont pas malheureusement produit
le résultat que le législateur en attendait. Dans ce
pays, où, aux passions politiques s'ajoutent les questions de religion et de race, les rencontres prennent

facilement des proportions graves qui nécessitent l'intervention de la police et de la troupe. Le sang coule parfois; au cours des élections de 1884 on a eu même à enregistrer plusieurs victimes.

Cet état d'effervescence et de trouble qui accompagne la période électorale tient au mode de votation; le caractère hongrois, exubérant, impétueux, vient encore accuser et augmenter les inconvénients du système.

De nombreuses tentatives ont été faites pour substituer le scrutin secret au scrutin public ; elles n'ont pas abouti et le peuple hongrois lui-même s'est manifestement prononcé contre tout changement. En 1872, sur 400 districts, 30 ont opté pour le vote secret. On avait expérimenté un nouveau mode de scrutin qui permettait aux illettrés de voter. La réforme ne fut pas du goût des électeurs de plusieurs districts qui, pour la faire échouer, ne trouvèrent rien de mieux que de mettre le feu aux urnes (1).

Conforme aux traditions hongroises, usité depuis un temps immémorial, le scrutin public est très profondédément ancré dans les mœurs. « Le vote public, disait un député hongrois, correspond aux habitudes natio-

(1) Ce système permettait aux illettrés de voter. Dans une salle attenante à celle où siègeait le bureau électoral, se trouvaient placées autant de caisses qu'il y avait de candidats. Chaque caisse, peinte d'une couleur différente, était percée d'une ouverture latérale. L'électeur, son identité établie, recevait du président autant de petits bâtons qu'il y avait de candidats ; ils étaient coloriés de la même nuance que les caisses. L'électeur passait dans la salle où elles étaient placées et jettait dans la caisse affectée au candidat de son choix, un bâton de la couleur de la caisse. L'opération terminée, le bureau comptait le nombre de bâtons dans chaque caisse et proclamait élu le candidat qui en avait réuni le plus. Ce système rendait absolument illusoire le secret du vote ; l'absence du bâton d'une certaine couleur indiquait clairement le sens du vote.

nales de franchise et de courage ». Adopter le scrutin
secret ce serait, a-t-on dit, abaisser la vertu politique du
peuple, priver du droit de vote un grand nombre
d'illettrés, sans pouvoir empêcher ni la corruption, ni
les abus d'influence, ni ces luttes qui déshonorent
parfois les partis. Les Hongrois ne deviendront pas
calmes, le jour où la loi aura décrété le scrutin secret.
Au contraire, le vote public, tel qu'il est appliqué, a
l'avantage d'abréger les opérations électorales. Si les
candidats sauf un se retirent, celui-là est immédiatement proclamé élu. Les candidats entrevoient très bien,
dès la première heure, les résultats probables : il suffit
de jeter un coup d'œil sur les groupes pour juger de
leur importance. S'ils estiment la lutte inutile, ils
l'abandonnent, et l'élection est du même coup terminée.

Ces diverses raisons sans doute très appréciables,
ne sont pas cependant de nature à recommander le
maintien du scrutin public en Hongrie. Si ce mode de
votation a partout des inconvénients, il en présente
ici davantage encore. Sans parler des luttes parfois
sanglantes, du pouvoir exorbitant du président du
comité qui, sous un prétexte quelconque, peut refuser
un vote, ce système favorise la corruption, la candidature officielle, et enlève toute indépendance aux
électeurs.

Sous l'œil vigilant des courtiers électoraux ou des
grands propriétaires, les paysans s'en vont au scrutin
comme des troupeaux. Les fermiers d'un seigneur
sont obligés de s'affilier au groupe de leur maître. Les
électeurs indépendants sont achetés : il n'est pas de
pays, sauf l'Angleterre, où les élections coûtent aussi

cher. C'est surtout à la fin du scrutin, quand le résultat est douteux, que la hausse des votes se produit. Peut-être ne manque-t-il que quelques voix pour assurer le succès ? Le candidat ne connaît plus de bornes à ses sacrifices, et l'électeur à ses exigences. La corruption est encore augmentée par l'obligation de venir voter au chef-lieu. Les candidats logent et hébergent les électeurs, et paient leurs frais de déplacement. Un projet de loi actuellement soumis aux Chambres, considère ces générosités comme des délits ; nous doutons de l'efficacité de cette défense. Déjà la loi de 1878 punissait de la perte de l'électorat pendant trois ans, d'une amende de 1000 florins ou de six mois de prison, ceux qui, par dons, promesses, menaces envers l'électeur ou un membre de sa famille, l'engageaient à voter ou à ne pas voter pour tel candidat, ou qui dans ce but, donnaient à manger ou à boire. L'acceptation de ces dons entraînait la même peine.

Rien d'étonnant d'ailleurs que ces dispositions n'aient produit aucun résultat. Les partisans du gouvernement, le gouvernement lui même parfois, ont été les premiers à les enfreindre. « La candidature s'étale à découvert, les présidents du conseil général, du comitat et des bureaux d'élection, deviennent des agents électoraux......; dans une élection, des fonctionnaires subalternes accompagnés de gendarmes, arrêtaient ceux qui se chargeaient de transporter les électeurs du candidat de l'opposition, venaient réveiller les partisans la nuit, les obligeaient à changer de cocarde et les mettaient en voiture sous bonne escorte pour les conduire au chef-lieu du district où ils étaient enfermés

la nuit dans des cabarets, pour être conduits le lendemain matin à ce qu'on pourrait appeler l'exercice
militaire électoral (1). »

(1) Lefebvre-Pontalis. *Les élections en Hongrie.* — Revue politique et parlementaire, année 1897.

SECTION II

ANGLETERRE

Examiner la législation anglaise, c'est étudier du même coup le scrutin public et le scrutin secret. Il n'y a pas encore trente ans, les électeurs anglais votaient à main levée ou de vive voix ; depuis 1872, ils se servent de bulletins suivant un mode qui garantit presque complètement le secret de leurs suffrages.

Pour comprendre et bien pénétrer la législation actuelle, il est indispensable de remonter un peu en arrière et d'examiner la législation antérieure à 1872.

Après en avoir reçu l'ordre du Lord chancelier, par l'intermédiaire du secrétaire de la Couronne auprès de la chancellerie, le *returning officer* (1) faisait publier, dans un délai de deux jours, un avis invitant les électeurs à venir voter. Dès que le jour de l'élection était connu, la campagne électorale s'ouvrait : les *meetings et les canvass,* les assemblées populaires et les visites personnelles commençaient.

(1) Le *returning officer*, ainsi que son nom l'indique, est l'officier public auquel est envoyée l'ordonnance de convocation *(writ)* et qui est chargé de la retourner après y avoir inscrit les résultats de l'élection ; dans les comtés, c'est le shériff, dans les bourgs, le maire ; ses fonctions sont gratuites. Son rôle, essentiellement passif, consiste à faire respecter l'ordre et à reconnaître les voix, soit lors de la nomination, soit au moment du « *poll* ».

Dans les meetings, le candidat ou ses amis développent leur programme ; tous y ont accès, électeurs et non électeurs ; parfois même des réunions spéciales sont organisées pour ces derniers. C'est que leur influence n'est pas à dédaigner : ils contribuent à former l'opinion publique, peuvent agir sur les électeurs par leur conversation ou leur situation, et, le jour du scrutin, ils ont le droit de manifester devant les *hustings*. « C'est dans les meetings qui couvrent l'Angleterre de réunions, le jour et le soir, dans les villes et les campagnes, que se fait entendre la voix du pays dont l'écho se prolonge dans toutes les feuilles publiques : ces meetings garantissent à la minorité l'exercice de ses droits légitimes et ils empêchent la tyrannie de la majorité ; ils donnent l'élan aux bonnes causes et découragent les factieux qui aiment à s'abriter daus l'ombre (1). »

Les discours, s'ils enflamment et excitent l'ardeur des partisans, ne suffisent pas pour entraîner les timides ou convaincre les adversaires. Le candidat se multiplie ; il se rend chez tous les électeurs : un grand seigneur ne dédaigne pas de rendre visite au dernier des citoyens. Dans les circonscriptions étendues, ces visites sont faites par des amis du candidat. Les femmes ne restent pas indifférentes et il faut croire que leur influence est considérable, si on en juge par cette affiche placardée dans la ville de Gonvain. « Électeurs, ne vous laissez pas détourner par les » faibles membres du sexe le plus faible, qui rem-

(1) Lefebvre-Pontalis. *Les lois et les mœurs électorales en Angleterre*, page 192.

» plissent votre maison d'assertions fausses sur le
» compte de M. Dickson ; ne vous laissez pas entraîner,
» mais votez pour Pearer ». Ces démarches appelées
canvass ont une très grande importance, et les anglais
y sont très sensibles. Elles sont d'ailleurs « un moyen
puissant de rapprochement entre les différentes
classes, et pour ainsi dire un pont jeté entre elles (1) ».

Nous voici arrivés au jour fixé par l'arrêt de convocation. La procédure comprend deux opérations. La
nomination, *nomination day* et le scrutin, *poll*, au cas
où l'élection est contestée. Le jour d'une élection est
un jour de fête : les affaires ralentissent ; en province
elles sont complètement suspendues. « Dès le matin,
les cloches sonnent à toute volée ; les hôtels se
pavoisent de bannières, on entend le bruit des nouvelles qui circulent, des acclamations qui se succè-
dent (2) ».

L'assemblée électorale se tenait dans une salle, mais
le plus souvent en plein air ; un vaste échafaudage,
semblable à une tribune de courses, se garnissait des
amis du candidat qui se séparaient en groupes
distincts. Au milieu était élevée une sorte de plate-
forme d'où les candidats haranguaient la foule.

Devant l'estrade se trouvaient réunis et confondus
électeurs et non électeurs. Ces réunions offraient un
spectacle intéressant et original. Laissons M. Lefèvre-
Pontalis les décrire :. « Si les *hustings* ont été élevés
» près d'un chef-lieu de comté, au milieu d'une de ces
» belles prairies qui font l'ornement de l'Angleterre,

. (1) Lefèvre-Pontalis. — *Lois et mœurs électorales*, page 195.
. (2) *Ibid.*, page 198.

» de nombreuses voitures viennent se ranger souvent
» en une double file autour de la corde qui en marque
» l'enceinte ; elles sont dételées sur place, et ainsi
» rapprochées les unes des autres, elles offrent un
» cercle élégant et gracieux où revivent les dernières
» traditions des vieux tournois. Dans de riches équi-
» pages, amenés au galop par quatre chevaux pom-
» ponnés en faveur de tel ou tel parti, sont assises des
» dames et des jeunes filles avec de larges rubans qui
» flottent sur leurs chapeaux ou leurs mantelets et
» dont la couleur indique le candidat de leur choix.
» La dernière ligne est formée par des omnibus et des
» chariots dont les impériales peuvent servir de
» galerie à ceux qui cherchent les meilleures places.
» Entre tous ces rangs de voitures circulent des pro-
» priétaires et des fermiers à cheval, les véritables
» *country-gentlemen*, arrêtant leurs montures pour
» ne rien perdre de ce qu'ils peuvent entendre. Enfin,
» au milieu du champ d'élection, se promènent tran-
» quillement des *constables* spéciaux pris à la journée,
» pour prêter main-forte aux *policemen* du comté et
» qui n'ajoutent à leur accoutrement de tous les jours
» qu'une pancarte sur leurs chapeaux et un grand
» bâton dans leurs mains, insigne respecté de l'autorité
» et de la loi. On voit ainsi passer sous ses yeux le
» panorama de l'Angleterre campagnarde. Sur les
» places des villes, il n'y a que l'apparence du spectacle
» qui change ; mais on y retrouve toujours le même
» auditoire : Seulement c'est aux fenêtres, quelquefois
» sur les terrasses des maisons voisines que les dames
» intéressées à la lutte prennent leurs places, quand

» elles ne vont pas la chercher hardîment jusque sur
» les *hustings* pour animer la lutte (1). »

C'est devant cette assemblée que l'on procédait à
l'élection ; nous allons d'abord assister à la nomination
des candidats.

Au milieu du plus profond silence le *returning
officer* lisait le *writ* de convocation et la loi édictant
les pénalités contre la corruption ; immédiatement
après, un électeur proposait un candidat, et deux
autres appuyaient cette candidature. Ces propositions
étaient diversement accueillies, tantôt acclamées,
tantôt sifflées. Les candidats prononçaient chacun un
discours et quand ils avaient exposé leur programme
et répondu aux questions des électeurs, l'élection
proprement dite commençait.

Si le nombre des candidats proposés n'était pas
supérieur à celui des membres à élire, elle avait lieu
par la levée des mains, *show of hands*, et c'était au
returning officer d'apprécier en faveur de quels
candidats s'étaient portées les sympathies. A cette manifestation prenaient part tous les assistants, électeurs et
non électeurs. On comprend dès lors pourquoi il était
utile de convoquer ces derniers en des réunions
spéciales et de leur faire visite. Cette épreuve n'était
pas toujours définitive ; il suffisait que le candidat ou
l'un de ses amis réclamât le scrutin, pour qu'on y
procédât.

Le *poll* avait lieu le lendemain dans les bourgs et
les villes, et dans les comtés, trois jours après. Il se

______

(1) Lefèvre-Pontalis. — *Lois et mœurs électorales*, p. 200.

prolongeait fort longtemps, parfois plusieurs semaines, mais en dernier lieu, il ne pouvait durer plus d'un jour. Le magistrat attendait les électeurs et ceux-ci naturellement ne se pressaient pas : ils avaient tout intérêt à retarder leur vote ; plus ils différaient, plus le prix de leur suffrage augmentait de valeur.

L'électeur se présentait au local où avait lieu le *poll ;* il donnait au secrétaire public désigné par le *returning officer*, son nom et son vote qui étaient reportés sur un grand livre dont tout le monde pouvait prendre connaissance. Un représentant du candidat enregistrait également les votes et prévenait, par sa présence et ses annotations, toute irrégularité.

La journée du *poll*, si elle ne présentait pas le pittoresque des *hustings*, n'en était pas moins mouvementée. La publicité du vote permettait de suivre pas à pas les progrès de l'élection, et les chances des candidats.

« Le nombre des voix compté d'heure en heure, est aussitôt affiché avec profusion de placards, et colporté de place en place par des messagers à pied ou à cheval. Des voitures, louées par chacun des concurrents, parcourent la ville complétement habillées de pancartes sur lesquelles peuvent se lire, soit le mot d'ordre qu'il faut suivre, soit les récriminations qui, en Irlande, se produisent quelquefois sous forme de litanies et empruntent la formule liturgique « d'un tel qui votera ou qui a voté telle mesure, délivrez-nous, électeurs », soit au contraire les appels les plus pressants et les plus touchants qui donnent aux candidats le surnom le plus populaire. A mesure que les dernières heures approchent, les candidats et leurs agents renouvellent les plus énergiques efforts ; les candidats paraissent aux fenêtres de leur comité et se montrent à leurs partisans qui les saluent par des acclamations prolongées, ou bien ils vont se promener dans la salle du vote avec leur famille ; quelquefois ils se décident à remonter sur les *hustings* pour essayer une dernière harangue. D'autre part, leurs amis ou leurs agents semblent se multiplier ; on les trouve aux abords des baraques, auprès des pupitres des clercs, exhortant les indifférents, encourageant les incertains, remerciant les fidèles, et quelquefois entre-croisant leurs voix pour répéter aux électeurs le nom de celui qu'ils leur recommandent (1). »

Quand l'heure de la fermeture du *poll* avait sonné, le secrétaire enfermait le registre dans une enveloppe cachetée et la remettait au *returning officer*. Celui-ci recensait les votes et revenait le lendemain matin aux *hustings*, proclamer publiquement le résulat du scrutin.

Le candidat élu saluait la foule qui l'acclamait, le candidat évincé remerciait ses partisans et se gardait bien de montrer son dépit et d'avoir une parole déso-bligeante pour ses adversaires.

Le scrutin public, toujours dangereux, l'était surtout en Angleterre. Avant 1832, pour toute la Grande-Bre-tagne, les électeurs *(freeholders)* atteignaient à peine le chiffre de 15.000. Rien n'était plus facile pour les grands propriétaires que de diriger l'élection d'un bourg qui comptait 30 ou 40 électeurs. A Bucckingham,

_____

(1) Lefèvre-Pontalis. — *Les lois et mœurs électorales*, p. 218-220.

le droit de vote était réservé à 12 notables ; certains bourgs où les électeurs étaient peu nombreux, et d'une docilité à toute épreuve, avaient même été appelés « bourgs pourris » ; ils se vendaient, se transmettaient, à titre de succession ou de dot : c'étaient de véritables bénéfices politiques.

Si ces bourgs avaient envoyé au parlement des hommes éminents, tels que Fox, Shéridan, Pitt, ils n'en constituaient pas moins une anomalie dangereuse. Malgré la suppression des bourgs pourris par le bill de réforme de 1832, les abus de la lutte électorale ne diminuèrent pas ; ils ne firent même que s'étendre en même temps que le droit électoral passait des *freeholders* à un certain nombre de *copyholders*.

La vénalité et les abus d'influence n'en restaient pas moins le fléau des élections anglaises ; le mal était trop enraciné dans les mœurs, et l'opinion le considérait avec une indulgence intéressée !

Des sièges au Parlement furent cotés à la Bourse 125.000 francs ; Oxford offrit la députation à celui qui s'engagerait à payer les dettes de la ville ; Lord Osborne avouait que son père et lui avaient dépensé en 30 ans, 1.500.000 francs pour être élus (1). Une propriété est mise en vente, la commission fait imprimer sur l'affiche la note suivante : « l'acquéreur de cette propriété achètera en même temps une grande influence politique sur 12.000 honnêtes *yeomen* (fermiers) ». A Wakefield, les opérations électorales prenaient plutôt le caractère d'affaires de bourse : le prix des suffrages était en

(1) Franqueville. — *Le Gouvernement et le Parlement britanniques,* p . 462.

hausse ou en baisse selon les chances relatives des candidats (1).

A la corruption s'ajoutait encore la contrainte que faisaient subir les grands propriétaires, aux électeurs dépendants ou à leurs fermiers. Conduits au vote sous une surveillance rigoureuse, il leur en aurait coûté de faire acte d'indépendance. Une terre à laquelle le droit de vote était attaché, devenait-elle vacante, le député l'achetait pour diminuer le nombre de ses électeurs. Un propriétaire ne voulut pas se dessaisir de son bien, le député ne se gêna pas pour faire sauter la maison (2). Au contraire pour se créer des électeurs, Lord Longsale bâtissait des maisons dans le bourg dont il était propriétaire, et les peuplait d'ouvriers mineurs. Ces « gentilshommes noirs » comme on les appelait, ne trouvèrent pas de leur goût, la candidature que leur imposait leur patron; le protégé échoua et nos gentilshommes furent chassés.

(1) Il nous a paru intéressant de mentionner quelques extraits des procès-verbaux de l'enquête qui eut lieu dans cette ville à la suite d'une élection en 1859 :

« Un accusé dépose qu'il a acheté 12 à 15.000 francs un certain » nombre de boxeurs gagés à Manchester pour maintenir l'ordre » pendant l'élection du candidat Tory.

» Ci pour l'article boxeur	15.000
» A W. Wright	850
» A Archies Crowtes pour un vote	5.000
» A un inconnu derrière la Bourse	6.250
» W. Cass a refusé 750 francs à lui offert pour » donner son vote à Charles Worth mais il l'a » prêté à Latham pour la moindre somme de	625
» A la femme de X... pour acheter une robe	250
» Un candidat à acheté à un épicier électeur un » pain de sucre	1.275

. . . . »

(2) Franqueville.— *Le Gouvernement et le Parlement britanniques*, p. 462.

De nombreuses lois, dont la plus importante, celle de 1854 interdisait au candidat de faire lui-même aucun paiement de frais d'élection, furent successivement votées. Elles n'empêchèrent ni la corruption, ni les abus d'influence. Les Anglais demeuraient malgré tout, fidèles à leurs traditions ; ils ne sentaient pas encore le besoin de transformer le mode de leurs élections et de remplacer le vote secret par le vote public. Ce n'est pas que cette substitution n'ait jamais été proposée. Dès 1818, elle faisait l'objet de propositions aux Communes, et pendant dix ans les chartistes s'en firent les propagateurs. A quoi bon changer le mode de scrutin ? Que lui importait au peuple, les abus d'influence et les corruptions, pourvu que le pays fut bien représenté ! Ce système procurait à tous des avantages : aux électeurs une source de revenus appréciable, au Parlement d'excellents députés.

A ces raisons et aux arguments d'ordre philosophique, les publicistes ajoutaient que les *hustings* avaient l'avantage de faire participer, d'une manière assez directe, les non électeurs à la nomination des députés. Leur enlever toute part active dans la vie publique, c'était risquer de faire naître chez eux des exigences dont on ne pouvait prévoir l'étendue et hâter peut-être l'avènement du suffrage universel. Cette épreuve des *hustings* contribuait à la fusion des classes, au rapprochement des candidats et de leurs commettants, des électeurs et des non électeurs.

Il faut arriver à 1872 pour voir le *balott* ou vote par bulletin définitivement accepté. La nouvelle procédure est calquée sur l'ancienne et en suit les phases. Nous assistons encore à la présentation et à la nomination du candidat.

A la présentation des *hustings* en plein air, devant le peuple assemblé, est subtituée la présentation dans une salle en présence de quelques personnes. Sans doute, un électeur ne suffit plus pour lancer une candidature, il en faut dix ; mais comme auparavant, l'élection est terminée si le nombre des candidats ne dépasse pas celui des sièges vacants. S'il faut recourir au vote, le bulletin remplace le registre public et l'électeur, ainsi que précédemment lors du « *poll* », doit donner sa voix à l'un des candidats présentés.

Pour être candidat, il faut avoir été présenté par dix électeurs : l'un propose *(proposer)* le candidat, le second *(seconder)* l'appuie et les huit autres l'acceptent. Si une heure après l'expiration du délai fixé pour la nomination — délai qui ne peut être moindre de deux heures — le nombre des candidats présentés n'est pas supérieur à celui des membres à élire, ceux-ci sont immédiatement proclamés élus. Dans le cas contraire, le scrutin doit s'ouvrir. Inutile de dire que le nombre des sièges non disputés est très restreint. Aux élections de 1885, trente-cinq nominations seulement n'avaient pas été contestées.

Le bulletin *(ballot paper)* porte les nom, prénoms et profession des candidats présentés au *returning officer* ; ceux-là seuls peuvent y être inscrits ; l'électeur, de même qu'autrefois lors du *poll*, ne peut donner à un autre son suffrage. A droite du nom est réservé un petit espace blanc que l'électeur remplira d'une croix s'il veut voter pour le candidat. Le bulletin est détaché d'un livre à souche et porte au verso avec l'indication de la circonscription un numéro d'ordre reproduit sur la souche. Ce numéro est celui de l'électeur sur la liste électorale.

SOUCHE *N°*	:	1	KING	**X**
Ce N° est reproduit au verso.	:	2	WILLIAM	

Cette disposition permet, le cas échéant, de porter atteinte au secret ; rejetée par la Chambre des Communes, elle fut adoptée, malgré le gouvernement, par la Chambre des Lords. Le but de ce livre à souche et du numéro est d'empêcher qu'un individu non inscrit puisse prendre part au scrutin. Si une instruction judiciaire est ouverte et qu'on procède à la vérification des suffrages, il sera facile de constater si le bulletin a été déposé par un citoyen inscrit sur la liste électorale ; il suffira de rechercher sur cette liste le numéro correspondant au bulletin et à la souche. Aucune indiscrétion n'est à craindre. Le livre à souche et les bulletins sont mis sous enveloppes cachetées qui ne peuvent être ouvertes qu'avec l'autorisation de la Chambre des Communes.

Dans la salle de vote, sous la surveillance et par les soins du *returning officer,* sont disposés de petits compartiments à raison de un par cent cinquante électeurs. Avant l'ouverture du scrutin le *returning officer*, le président du bureau et tous ceux que la loi ou le président autorisent à assister aux opérations électorales, doivent prêter serment « de ne rien faire qui soit défendu par l'article 4 du *ballot act.* » Le bureau électoral se compose du président, des agents des candidats et de deux secrétaires chargés de faire les émargements.

A son entrée dans la salle de vote, chaque électeur donne son numéro d'inscription sur la liste électorale. Un des secrétaires le cherche sur liste et, après l'avoir trouvé, prononce à haute voix les nom et prénoms qui y correspondent. Le deuxième secrétaire porte le numéro sur la souche et sur le verso du bulletin, détache le bulletin et le timbre au verso et au recto d'une marque officielle pour en prouver l'authenticité.

L'électeur se rend alors dans un compartiment et là, au moyen d'un crayon, marque le carré à la suite du nom d'un des candidats. Il plie son bulletin de façon que la marque officielle soit apparente et vue du président et le dépose lui-même dans l'urne. « Le vote terminé, nombre d'électeurs se rendent dans la salle du comité auquel ils viennent de donner leur voix ou de le faire croire, et y déposent la carte qui leur avait été adressée. Ainsi, on peut voir ceux qui n'ont pas encore voté et leur envoyer des voitures ou des *canvassers* pour les presser de se rendre au scrutin (1). »

Le dépouillement se fait en présence des agents des candidats : tous les bulletins sont mêlés de telle façon que les numéros d'ordre ne puissent être aperçus des assistants. « Tout bulletin de vote qui ne porte pas au » dos le signe particulier, qui contient un plus grand

(1) Franqueville. — *Le Gouvernement et le Parlement britanniques,* p. 473.

» nombre de candidats marqués qu'il y a de sièges
» vacants, qui est revêtu d'indications extérieures
» non prescrites par la loi et de nature à faire recon-
» naître le votant ou la nature des suffrages, est tenu
» pour nul et n'est pas compté. » (Art. 2, *ballot*.)
Cette rigueur empêche et rend inutiles les signes de
reconnaissance. Les bulletins déclarés nuls par le
returning officer portent la mention « annulée » ou la
mention « annulation contestée », selon que l'un des
témoins des candidats a contesté ou non son annulation. Ces bulletins, ainsi que les registres et les souches,
sont transmis au *Clerck* de la Couronne qui les conserve
pendant un an et ne peut s'en dessaisir que sur l'ordre
de la Chambre des Communes ou du juge de l'Attorney
général. Ce délai passé, ils sont brûlés par ses soins.

Le dépouillement et le recensement des votes ter-
minés, le *returning officer* proclame élu le candidat
qui a obtenu la majorité et transmet son nom au
Clerck de la Couronne en Chancellerie.

Des dispositions pénales rigoureuses viennent compléter la série des garanties données par le *ballot*. Sont
considérés comme délits électoraux, punis de six mois
de prison et de deux ans, avec ou sans travail forcé,
si c'est le *returning officer* qui s'en rend coupable :
la contrefaçon, la fabrication, l'altération ou la destruction frauduleuse d'un bulletin de vote ou de la
marque officielle, l'usage d'un bulletin de vote autre
que le bulletin officiel et son enlèvement hors de la
salle de vote. Aucune peine n'est prononcée contre
l'électeur qui montre son bulletin ou déclare son vote,
si cette déclaration n'est pas le résultat d'un pacte

vénal. Au contraire, l'intervention d'un tiers est punissable. « Tout officier, secrétaire et agent de service
» dans la salle de vote maintiendra et aidera à main-
» tenir le secret du vote dans la salle et, sous réserve
» de service commandé par la loi, ne communiquera
» à personne, avant la clôture du scrutin, une infor-
» mation quelconque au sujet du nom et du nombre
» des électeurs ayant ou n'ayant pas voté ou bien au
» sujet de la marque officielle.

» Il est défendu à tout officier, secrétaire, agent de
» service, ainsi qu'à toute personne, quelle qu'elle soit,
» d'intervenir ou de tenter d'intervenir auprès d'un
» électeur écrivant son vote, de savoir pour qui tel
» électeur compte voter et en faveur de qui il a
» exprimé son vote. Il est également défendu de
» communiquer à qui que ce soit, aucun renseigne-
» ment obtenu de l'intérieur de la salle de vote au
» sujet du candidat choisi par tel électeur ou même
» du numéro d'ordre inscrit au dos des bulletins de
» vote délivrés à tel électeur ; il est absolument
» défendu de pousser un électeur à montrer son bulletin
» de vote après qu'il aura marqué le nom du candidat.
» Toute contravention aux dispositions ci-dessus sera
» passible d'un emprisonnement ne dépassant pas
» six mois avec ou sans travail pénible. Cette peine
» sera prononcée sur procédure sommaire par deux
» juges de paix : art 4, loi de 1872. » L'article 18 ajoute
« qu'aucun électeur ne peut être contraint dans une
» contestation électorale devant la justice à propos de
» la validité de l'élection, de déclarer pour qui il aura
» voté. »

Toutes ces mesures préventives ou répressives n'ont pas encore donné aux élections anglaises une sincérité complète ; elle n'ont pas enrayé la corruption. En 1883, un *bill* était voté pour prévenir l'intimidation des électeurs, limiter les dépenses des candidats et combattre les manœuvres électorales. Espérons que le but que poursuit le législateur depuis près d'un siècle, sera bientôt atteint et que le scrutin secret après avoir entravé les abus d'influence, saura empêcher la corruption.

SECTION III

———

ÉTATS-UNIS

———

Les lois électorales anglaises ont servi de modèle à divers pays, notamment aux États-Unis et au Canada. Les relations politiques, l'identité de races et d'institutions expliquent et favorisent cette assimilation.

Sans remonter à l'époque (fin du XVIIe siècle) où le *Sheriff* s'en allait dans les campagnes recueillir les votes au domicile des électeurs, on peut dire que le scrutin public était généralement suivi en Amérique.

L'acte du 3 mai 1872 a introduit pour tous les États, nonobstant toute loi contraire, le scrutin secret. On comprendra que par suite de la diversité des législations, il nous est impossible de donner une analyse, même succinte, des différentes lois électorales de l'Union américaine.

En général, cette législation est minutieuse et réglemente les moindres détails, tels que la grandeur des caractères d'imprimerie, l'épaisseur du papier, etc., etc.

« Le scrutin n'a pas lieu dans un édifice public, mais souvent dans un magasin vide ou un cabaret, ce qui ne présente d'ailleurs aucun inconvénient, les jours d'élection, la vente des boissons étant interdite. Les électeurs défilent devant le magasin où siège le bureau ; un carreau de la devanture à été enlevé et, sans entrer dans la salle, l'électeur doit par ce guichet improvisé, décliner à l'un des scrutateurs ses noms et adresses » (1).

Les bulletins sont rédigés de la même manière qu'en Angleterre mais ils sont plus compliqués. Le bulletin de vote ne décide pas seulement de l'élection d'un député mais d'une série de situations, depuis le Président de la république jusqu'au plus humble des fonctionnaires ; parfois, ils n'exigent pas moins de vingt votes. Généralement, à l'imitation du *Ballot*, ces bulletins sont rédigés dans un abri isolé.

Une loi de l'**État de Californie** (1891), porte que le papier des bulletins doit être fourni par le secrétaire d'État et que le Clerc du Comté est chargé de les faire imprimer. Pour assurer l'origine authentique des bulletins, ceux-ci sont frappés d'une marque tenue secrète et changée à chaque élection.

Tout bulletin qui ne porte pas le signe officiel doit être refusé par le président du bureau. Les électeurs ne peuvent ainsi les préparer à l'avance et arriver dans la salle du vote munis d'un bulletin qu'on leur aurait imposé. Toute liberté leur est laissée pour la rédaction ; ils ne sont pas tenus comme en Angleterre de voter pour les candidats inscrits. Un espace blanc est laissé en bas des bulletins, pour permettre à l'électeur d'y porter le candidat de son choix.

L'État de Massachusetts par une loi du 5 juin 1883, adopte les mêmes principes. Cette loi est très

---

(1) *Bulletin de législation comparée*, année 1885, p. 90.

minutieuse, elle réglemente la grandeur des lettres, la disposition des noms, partage la salle par une barrière, de façon que six personnes puissent approcher du compartiment à une distance de six pieds, mais de manière que l'urne et les compartiments soient exposés aux regards des personnes qui sont en dehors de la barrière (article 21). Ils ne peuvent la franchir que pour venir voter. Son identité vérifiée, l'électeur se retire dans l'isoloir où il ne peut rester plus de dix minutes ni plus de cinq si d'autres personnes attendent ; il remet au président du bureau, son bulletin plié suivant les plis déjà formés. Au bas de la liste il est également laissé pour chaque office autant de blancs qu'il y a de places sujettes à l'élection.

Dans l'**État de New-York,** les bulletins doivent avoir une entête ; cette entête doit être imprimée en ligne droite, à l'encre noire, au type de la grandeur généralement connue et désignée sous le nom de *great primer roman condensed capitale.* Les noms de tous les candidats doivent être imprimés en plein type, d'une grandeur uniforme (art. 2, loi du 24 mai 1881).

Toutes ces dispositions n'empêchent pas que les élections aux États-Unis, offrent un spectacle peu édifiant. La corruption se pratique dans des proportions insensées ; les électeurs votent à bulletin ouvert pour recueillir les bénéfices de la lutte. La fraude et les manœuvres sont pour les deux partis, républicains et démocrates, les meilleures armes de résistance et de combat.

Aux États-Unis, les élections revêtent une importance capitale ; elles décident de tout et de tous ; rien d'étonnant à ce que l'on mette tant d'acharnement et d'âpreté dans la lutte. « Ces pratiques, dit Claudio Jannet ne sont pas comme en France le fait d'un parti de révolution et de désordre, mais tous les partis s'en rendent coupables ». C'est la lutte pour la vie ! Qu'importe la violation du secret du vote ! N'est-ce pas le meilleur moyen pour les électeurs de se recommander à la générosité du vainqueur et de partager avec lui, les dépouilles du parti vaincu.

SECTION IV

CANADA

La législation électorale canadienne (26 mai 1874) reproduit, sauf quelques modifications, le *Ballot* anglais. Les sûretés qu'elle offre sont même plus complètes et des lois récentes, entre autres celles de 1887, ont encore apporté de nouvelles garanties.

A son entrée dans la salle de vote, l'électeur reçoit d'un préposé appelé sous-officier rapporteur, une enveloppe et un bulletin parafé par lui. Il rentre dans un abri, rédige son bulletin et, après l'avoir mis sous enveloppe, le remet au président. Les bulletins présentent la disposition des bulletins anglais ; ils sont également détachés d'une souche mais ne portent pas de numéro d'ordre. Il est ainsi impossible en cas de vérification de retrouver l'électeur qui l'a émis. Le secret est donc gardé d'une manière absolue.

La loi de 1887 a encore ajouté une protection nouvelle ; elle fixe très minutieusement la composition des bulletins, leur couleur, l'épaisseur, le poids du papier, la grandeur des lettres.

NORWÈGE

Le pouvoir législatif se partage entre le Roi et le Parlement *(Shorting)*. Le parlement élu au suffrage à deux degrés se divise en deux Chambres : Le *Lagthing* et l'*Odelsthing*.

L'*Odelsthing* est recrutée au sein même du *Shorting* qui, pour le former, choisit au scrutin secret un quart de ses membres. Les trois autres quarts forment le *Lagthing*.

La loi qui régit actuellement les élections norwégiennes date du 6 juin 1878 : les électeurs élisent le *Shorting* au scrutin secret à deux degrés.

L'assemblée électorale se tient, à la campagne dans l'Église sous la présidence du pasteur assisté de ses adjoints et à la ville dans un édifice public (mairie ou église) sous la direction du magistrat (maire) et de conseillers municipaux.

Le président fait connaître le nombre des électeurs à nommer, nombre qui varie suivant que les élections ont lieu à la ville ou à la campagne. Il est procédé à l'appel et au rappel des électeurs ; ceux qui n'y répondent pas ne sont plus admis à voter. Lecture de la constitution est faite par le président.

Des enveloppes opaques, uniformes, marquées d'un sceau officiel, sont remises à l'électeur au moment de son entrée dans la salle de vote ; les bulletins doivent être blancs, sans signature ni marque quelconque. L'électeur se rend dans une salle voisine pour glisser le bulletin dans l'enveloppe et revient ensuite le déposer dans l'urne.

La loi norwégienne permet le vote des électeurs absents. En même temps que son bulletin plié dans une enveloppe cachetée, l'électeur absent communique au président du bureau les raisons de son absence ; si l'excuse est admise, le bulletin est retiré de l'enveloppe, placé dans une enveloppe officielle et déposé dans l'urne.

Au dépouillement, les bulletins sont lus à haute voix. S'ils ne sont pas contestés, ils sont paraphés par les scrutateurs et comptés aux candidats. Huit jours après cette première élection, les électeurs urbains se réunissent pour la nomination définitive du député ; un délai d'un mois est accordé aux électeurs des campagnes.

SECTION VI

BELGIQUE

La législation belge est sans contredit celle qui a le plus varié. En l'espace de trente ans, nous ne comptons pas moins de six lois électorales.

La composition loyale du corps électoral et la parfaite correction des opérations ont en Belgique plus que partout ailleurs, une importance capitale. Le déplacement d'un très petit nombre de suffrages suffit pour changer la majorité des Chambres. La plupart des collèges électoraux sont acquis à l'une ou l'autre opinion, libérale ou catholique ; dans presque tous les districts, les élections se font à de faibles majorités ; les partis sont très forts, et de force à peu près égale. On comprend dès lors que les candidats et leurs agents s'ingénient à trouver des fraudes et qu'il importe d'autre part, pour les mêmes motifs, de les combattre vigoureusement. L'effort du législateur nous paraît avoir atteint ce but ; les fraudes sont devenues aujourd'hui très difficiles en Belgique.

La première loi électorale est celle du 3 mars 1831 ; elle adoptait un mode de votation analogue au système français. Malgré ses dispositions protectrices, le secret était violé ; les billets étaient marqués de signes de reconnaissance, et les lecteurs surveillés lors de la remise de leurs votes. En 1867, une loi prescrivait le bulletin uniforme, timbré par l'administration et remis par elle à l'électeur avec sa lettre de convocation ; ces dispositions supprimaient les moyens de contrôle que fournissaient auparavant la couleur et la forme du papier. L'électeur rédigeait lui-même son bulletin et et le remettait au président, plié en quatre de manière à former un carré présentant à l'extérieur la marque du timbre. Les énonciations qu'il pouvait contenir étaient strictement définies ; le président avait le droit de refuser tout bulletin non timbré ou plié d'une façon irrégulière ou portant un signe de reconnaissance.

Les lois de 1867 et 1869, coordonnées et refondues dans le code électoral de 1872, ne réalisèrent pas les espérances de ceux qui les avaient faites.

Insuffisantes pour empêcher l'usurpation frauduleuse de l'électorat et pour garantir le secret absolu, elles n'avaient pu empêcher la pratique des bulletins marqués, la surveillance au moment du vote et la contrainte de l'électeur. Aussi, le gouvernement proposa-t-il lui-même un nouveau projet qui aboutit le 9 juillet 1877.

Cette loi inaugure un mode de votation imité en grande partie du *ballot act*. Les idées essentielles sont empruntées a la législation anglaise, mais les moyens d'exécution diffèrent ; ils sont appropriés aux traditions et aux habitudes politiques du peuple belge.

Ces procédés sont loin de revêtir le même caractère dans les deux législations. Dans l'une, ils reposent sur des considérations historiques, dans l'autre sur une décision arbitraire du législateur.

En Angleterre, les candidats sont présentés, en souvenir des *hustings*, en Belgique, pour permettre l'impression des bulletins et empêcher les candidatures de fantaisie. Aussi, exige-t-on l'intervention de trente ou cinquante électeurs, tandis qu'en Angleterre dix électeurs suffisent pour cette formalité.

La première réforme de la loi consiste dans la déclaration officielle et préalable des candidatures (art. 1 à 3). Cette déclaration nécessaire pour permettre la confection des bulletins est une innovation copiée sur le *ballot*. Le code électoral belge de 1872 laissait à chaque électeur le choix de son candidat; désormais, celui-ci doit nécessairement reporter son vote sur l'un des candidats proposés.

Les candidats doivent être choisis au moins cinq jours avant l'élection par cinquante électeurs dans les arrondissements qui élisent plus de quatre représentants tant au Sénat qu'à la Chambre, et par trente électeurs dans les autres arrondissements. Ces propositions sont remises par trois des signataires au président du bureau principal (président du Tribunal de première instance), qui doit recevoir par écrit l'acceptation du candidat. Ce chiffre de trente et de cinquante a été fixé pour conserver un caractère sérieux aux présentations et limiter leur nombre. Ce minimum est facilement atteint; l'organisation des partis politiques permet de réunir sans difficulté les signatures nécessaires.

Cette innovation a été l'objet de sévères critiques. L'électeur, a-t-on dit, perd le droit de voter pour qui lui semble bon; on le condamne à un rôle passif,

ANVERS

Élection du..

SÉNATEURS LIBÉRAUX		SÉNATEURS......		SÉNATEURS CATHOLIQUES	
1	DESMET	1	AMMAN	1	MABILLE
2	EVERAERT	2	DELVAL	2	PEPIN
3	NELSON			3	VANSTUPPEN

REPRÉSENTANTS LIBÉRAUX		REPRÉSENTANTS......		REPRÉSENTANTS CATHOLIQUES	
1	DUBOIS	1	UYTERELST	1	ABELOOT
2	GEIRTS	2	VAN LOY	2	BEBOECK
3	MATERLINC			3	HOMMEN
4	NICK			4	HOTTOIS
5	VANDENTOCK			5	LINSACK
6	VARMON			6	VAN DIEZT

Instructions pour l'impression du bulletin.

1° Le prénom est ajouté si des candidats portent le même nom de famille ;

2° S'il n'y a qu'une liste, elle est imprimée à l'encre noire au milieu du bulletin ;

3° S'il y en a deux, le bulletin est divisé en deux colonnes ; celle de gauche est toujours occupée par la liste des candidats qui ont pris la qualification de libéraux, celle de droite par la liste des candidats qui se sont qualifiés catholiques. Les couleurs portées au modèle pour chacune d'elles sont toujours employées ;

4° S'il y a, en outre, des candidats présentés sous une autre qualification ou sans qualification, leurs noms sont imprimés à l'encre noire, comme au modèle, dans la colonne du milieu ;

5° Lorsqu'il n'y a qu'un membre à élire, les cases à la suite du nom de chaque candidat sont supprimées.

susceptible d'affaiblir à la longue, l'esprit public. A
notre avis la présentation des candidats n'enlève aucun
droit, ni aux électeurs ni à ceux qui se proposent
d'être candidats ; elle permet l'impression des bulletins
qui autrement serait impossible. D'autre part, il
importe que les candidatures soient sérieures. Celui
qui, pour proposer sa candidature, n'a pu réunir
cinquante ou trente signatures peut-il se plaindre de
ne pas être éligible? Ne prouve-t-il pas lui-même qu'il
ne peut être élu ? « Si pour conserver le secret du vote,
disait le rapporteur de la loi, la déclaration préalable
et en temps utile des candidatures sérieuses est
reconnue indispensable, si l'on n'indique aucun autre
moyen, le résultat à obtenir ne peut être sacrifié au
respect absolu des candidatures individuelles se
produisant sans appui, à la dernière heure (1) ».

Spécialement pour la Belgique, une objection a été
soulevée. La Constitution interdit d'ajouter des conditions d'éligibilité à celles qu'elle fixe ; l'article 47
porte que la Chambre des représentants se compose
de députés élus directement par les citoyens. L'innovation, disait-on, viole cette disposition. On répondit
que la loi, à vrai dire, ne créait pas une condition
d'éligibilité. Tous ceux qui étaient éligibles en vertu
de l'article 50 le demeuraient. La nouvelle loi impose
simplement une formalité au citoyen qui veut être élu.
Tout électeur est libre de poser sa candidature en se
conformant aux dispositions nouvelles, qui ne font que
régler un point matériel de l'ensemble des opérations
électorales.

(1) *Moniteur belge,* page 78, session 1876-77.

Cette innovation aurait dû en entraîner une autre : la nomination sans scrutin des candidats si dans le délai fixé pour la présentation, le nombre des candidats proposés ne dépasse pas celui des députés à élire. Nous verrons qu'elle n'a été admise que récemment par la loi de 1894.

En même temps que leur acceptation et l'indication du parti auquel ils appartiennent, les candidats choisissent comme témoins des opérations électorales, autant d'électeurs qu'il y a de bureaux de vote.

Les représentants des candidats sont répartis la veille de l'élection par un tirage au sort effectuée au bureau principal. Leur présence au bureau, vis-à-vis du président et de ses assesseurs pendant le vote et le dépouillement, est une garantie de la sincérité des opérations. Le bureau peut être composé exclusivement de personnes appartenant à la même opinion. Le contrôle des témoins remplace avec avantage celui du public. Les témoins, de même que les présidents et scrutateurs, prêtent serment de garder le secret du vote ; s'ils le violent, ils peuvent être punis d'une amende de 500 à 4.000 francs et de la privation, pendant 10 ans, de leurs droits électoraux et d'éligibilité.

A l'expiration du délai utile pour la présentation des candidats, le premier soin du bureau principal est de formuler le bulletin électoral officiel et de le faire imprimer (art. 9). Des affiches apposées dans toutes les communes de l'arrondissement en reproduisent la teneur et donnent tous les moyens d'information indispensables pour l'émission d'un vote raisonné. Ces affiches reproduisent le bulletin tel qu'il sera rédigé par le bureau électoral.

L'innovation essentielle, qui a entrainé la plupart des autres, consiste dans la confection du bulletin. Ici encore le *ballot* a été pris pour modèle.

Les candidats qui se présentent ensemble et forment une liste complète sont portés dans une même colonne selon l'ordre alphabétique pour chaque Chambre ; la qualification de parti, si elle a été donnée, est imprimée en tête de la colonne. S'il n'y a qu'une liste, elle est imprimée à l'encre noire ; s'il y en a deux, le bulletin est divisé en deux colonnes : celle de gauche, imprimée en bleu, comprend la liste des candidats libéraux, celle de droite, imprimée en rouge, renferme la liste catholique. Les candidats sans qualification ou avec une qualification différente sont portés dans la colonne du milieu imprimée à l'encre noire. La couleur, la place, sont des indications invariables qui facilitent le choix des électeurs ; on vote pour l'une ou l'autre colonne suivant qu'on appartient au parti catholique ou au parti libéral.

Cette forme de bulletin, avantageuse à certains points de vue, présente selon nous, l'inconvénient grave d'enlever au vote sa spontanéité. L'électeur risque de prendre un rôle passif ; il ratifie par une simple marque toute une liste sans prendre la peine de discuter les candidats qui la composent. De plus, au cas d'élection simultanée de sénateurs et de représentants, par suite du nombre élevé de candidats qui se trouvent sur les bulletins, le doute ou la confusion peuvent naître dans l'esprit des votants. En tout cas, la rédaction des bulletins, lorsqu'il faudra pointer ou marquer un grand nombre de noms, est de nature à prolonger outre mesure la durée du scrutin.

Les électeurs, pour voter, se réunissent au chef-lieu de l'arrondissement administratif, qui équivaut aux sous-préfectures de France. Ces courts voyages, rendus faciles par la rapidité et la multiplicité des communications, ne sont pas une charge pour des électeurs censitaires ; ils trouvent dans ces déplacements un moyen d'échapper aux influences.

La salle de vote est partagée en deux parties : la première, séparée de l'autre par une cloison, sert de salle d'attente aux électeurs ; dans la seconde se trouvent le bureau et la cabine d'isolement. La cloison mobile cache le bureau aux yeux du public, mais n'empêche pas la surveillance des urnes qui est confiée aux témoins.

Les électeurs trouvent dans ces dispositions une assurance et une force qu'ils n'auraient certainement pas s'ils devaient voter sous les yeux du public.

En 1864, lors de la discussion qui aboutit à la loi de 1867, on avait proposé de faire passer les électeurs, avant de se présenter au président du bureau, par un couloir long de 6 mètres. L'efficacité de cette protection était incomplète, aussi fut-elle rejetée. En 1877 on préféra adopter les installations déjà usitées en Belgique dans les cours d'assises, pour la rédaction du verdict du jury.

Examinons maintenant le cours des opérations électorales proprement dites. Les électeurs sont rassemblés dans la salle d'attente ; le secrétaire les appelle dès qu'un isoloir est libre. Le président remet à l'électeur un bulletin électoral officiel, plié en quatre, à angle droit, estampillé au verso d'un timbre marquant le numéro du bureau et la date de l'élection. Il se rend directement dans l'un des compartiments, pour y formuler ou arrêter son vote, vient remettre au président son bulletin replié régulièrement et sort de la salle après avoir déposé lui-même son bulletin dans l'urne.

L'électeur qui aura mis hors d'usage son bulletin pourra en demander un nouveau au président, à la condition de lui remettre le bulletin détérioré. De cette façon on n'a pas à craindre que cet électeur en fasse un usage frauduleux. Ce bulletin sera annulé et brûlé à la fermeture du scrutin avec les autres papiers trouvés dans les compartiments.

L'estampille est apposée au moment du vote afin d'empêcher la soustraction et l'usage frauduleux des bulletins officiels. Elle porte le numéro du bureau pour qu'on puisse en cas de contestation des opérations d'un bureau, retrancher les bulletins reçus dans ce bureau. Le timbre permet au président de reconnaître si le bulletin est bien celui qui a été remis à l'électeur et empêche ainsi la préparation anticipée des bulletins. Les bulletins ne peuvent être fournis par d'autres que par l'administration sous peine de faux en écriture publique. Il importe peu qu'ils soient en tout identiques au type officiel. Celui qui fabrique de la monnaie de poids et de titre légal, n'en est pas moins un faux monnayeur ; de même ici, celui qui imprime un bulletin de vote régulier, n'en est pas moins coupable de faux.

Les bulletins sont pliés à l'imprimerie et dépliés sur la table du bureau : le président les replie au moment de les remettre, L'électeur qui veut donner son suffrage à tous les candidats d'une liste, trace, avec un crayon placé dans l'isoloir, une croix dans la case réservée à cet effet, en tête de la liste de ces candidats ; s'il veut donner son suffrage à des candidats des différentes listes, il trace au crayon une croix dans la case qui se trouve à la suite du nom de chacun des candidats ; lorsqu'il n'y a qu'un membre à élire, la croix doit être tracée dans la case réservée au-dessus du nom du candidat pour lequel l'électeur doit voter.

Ce mode de votation suppose pour son application normale que l'électeur sait lire et écrire. Il sera difficilement pratiqué par l'illettré. Aussi, a-t-on soutenu que l'introduction de ce système entraînait une nouvelle condition de l'électorat : [la condition de savoir lire et écrire. A vrai dire, l'illettré n'est pas privé du droit de vote ; la disposition et la couleur même des bulletins sont des indications suffisantes. S'il ne veut pas voter pour toute une liste, évidemment il se présente une difficulté ; mais l'illettré, bien que la loi n'en parle pas, aurait le droit, ainsi que l'a dit le ministre dans l'exposé de motifs, de se faire aider par un électeur de son choix. En Angleterre, les présidents de bureau sont autorisés à rédiger, sous le contrôle des représentants des candidats, le vote des illettrés.

La loi ne permet pas que les bulletins soient ouverts, dépouillés, examinés et jugés par le bureau même qui les a reçus. Pour dépister la surveillance des agents électoraux, le matin même de l'élection, le sort règle l'échange des urnes entre les divers bureaux. Sitôt la fermeture du scrutin, l'urne est scellée et portée sous la garde d'un scrutateur et d'un témoin, au bureau désigné. A cette précaution, la loi est venue en ajouter une autre plus importante : On a voulu que le secret fut gardé au moment du dépouillement. Jusqu'en 1877, toutes les lois électorales belges veulent que la table du bureau soit disposée de telle sorte que les électeurs puissent circuler à l'entour pendant le dépouillement.

Ces lois exigent deux choses contradictoires : le dépouillement public du scrutin, et le secret des bulletins. Bien que l'article 112 du code électoral défende de tenir aucune annotation sous peine d'amende, l'électeur n'a pas la liberté réelle de son vote. Les agents électoraux présents au dépouillement peuvent facilement contrôler les marqnes qu'ils ont apposées sur les bulletins.

Pour assurer la liberté complète de l'électeur, la législation belge n'hésite pas à rompre avec ses traditions et prescrit une disposition absolument nouvelle. Si l'on veut que le vote porté sur un bulletin soit secret, il ne doit pas être communiqué au public. Aussi l'article 44 décide que pendant le vote et le dépouillement aucun électeur ne peut rester dans la salle. Les témoins remplacent le public ; ils ont le droit d'élever des réclamations. Aucune indiscrétion n'est possible et toute garantie est donnée pour la régularité des opérations. Scrutateurs et témoins prêtent serment de garder le secret du vote. Des sanctions pénales et la conservation de tous les bulletins pour les remettre aux commissions chargées de vérifier les pouvoirs, achèvent de donner toute sécurité.

Le président et l'un des scrutateurs déplient les

bulletins et les classent par catégorie de suffrages. Les bulletins considérés comme nuls ou suspects sont mis à part et examinés par les scrutateurs et les témoins qui consignent leurs observations au procès-verbal. Tous les bulletins sont placés par catégorie sous enveloppe fermée et rassemblés en un seul paquet scellé pour être transmis au ministre de l'intérieur. Lorsque la Chambre a statué sur l'élection, la commission de vérification des pouvoirs a seule le droit d'ouvrir les paquets et les enveloppes : elle a ainsi en sa possession tous les moyens de contrôle nécessaires.

Lorsque les procès-verbaux de différentes sections ont été centralisés au bureau principal, les cloisons mobiles et les compartiments isolés sont enlevés. Les électeurs sont admis à assister au recensement des votes et à la proclamation des élus.

Pour être élu député, il faut obtenir au premier tour la moitié des voix. Cependant, lorsque le nombre des candidats proposés ne dépasse pas le nombre des représentants à élire, les candidats sont élus, quel que soit le nombre de voix qu'ils ont obtenus.

L'article 64 de la loi du 9 juillet 1877 prescrivait au gouvernement de soumettre aux Chambres, dans le cours de la session suivante, un code électoral modifié d'après la nouvelle loi. Le but poursuivi était double : rétablir l'unité de la législation électorale, étendre aux élections provinciales et communales le système de la loi de 1877.

Les quatre-vingt-onze premiers articles de la loi du 16 mai 1878 ne font que reproduire le code de 1872, modifié par la loi de 1875. Les innovations portent surtout sur les articles suivants.

Lors de la discussion de l'article 97 qui donne au président du bureau la police de la salle, on proposa de faire disparaître les cloisons. Comment le président pouvait-il faire la police de la salle d'attente puisqu'une cloison l'empêchait de voir ce qui s'y passait? Cette mesure, contraire aux traditions de franchise et de liberté était, disait-on, de nature à faire suspecter le bureau. Malgré ces reproches, la cloison séparative a été jugée indispensable pour garantir la liberté de l'électeur et le mettre à l'abri, à la sortie de l'isoloir, des regards inquisiteurs du public. L'électeur se sentant surveillé pourrait manquer de franchise. On a donc maintenu les cloisons; mais, pour permettre au président d'exercer ses droits de police dans la deuxième partie de la salle, on lui donne le droit de déléguer ce pouvoir à un membre du bureau (art. 99).

L'article 124 apporte une modification à la manière d'émettre le vote : le tampon est remplacé par un crayon. L'emploi du tampon en forme de croix entraînait de nombreux inconvénients. De notables différences existaient dans les marques : l'encre trop liquide ou trop abondante du tampon produisait des taches confuses, etc. La marque au crayon ne présente pas ces inconvénients. Sans doute, une croix tracée à la main peut servir de signe de reconnaissance, mais, dans une section de vote, il se trouvera certainement des électeurs qui auront marqué de la même croix leur bulletin. Il devient donc impossible de constater la docilité d'un électeur déterminé.

Dans les élections communales et provinciales, il n'est pas porté sur le bulletin de mention de parti;

les bulletins sont de couleur uniforme, imprimés à l'encre noire, exception faite toutefois pour les cantons éloignés d'une imprimerie qui peuvent _se servir de bulletins autographiés sous la surveillance du bureau principal.

La faculté accordée à l'électeur de tracer lui-même une croix sur le bulletin, donna bientôt naissance à des abus qui provoquèrent dès 1882 des propositions. Elles aboutirent le 21 mai 1884. La Chambre des représentants demandait de substituer à la croix tracée à la main un timbre automatique imprimant un signe toujours identique. Sur un amendement du Sénat, on se décida à employer un mode de votation absolument inverse de celui usité jusqu'alors. Les cases des bulletins au lieu d'être blanches étaient noires et portaient au centre un point blanc que l'électeur devait noircir pour donner son vote.

Avec ce système, les diverses fraudes que facilitaient les marques plus ou moins nettes et variables du tampon ou du crayon n'étaient plus à craindre ; la couleur noire de la case les rendait imperceptibles. Si l'électeur veut voter pour tous les candidats d'une même liste, il noircit au moyen du tampon encré mis à sa disposition, le point clair central de la case placé en tête de la liste de ces candidats. S'il veut donner son suffrage à des candidats d'une ou de diverses listes, il noircit de même le point clair central de la case placée à la suite du nom de chacun des candidats pour lesquels il vote. La marque de vote, même imparfaitement tracée, exprime valablement le vote à moins que l'intention de rendre le bulletin reconnaissable ne soit manifeste.

A la suite de ces différentes réformes, l'unité de la législation se trouvait encore une fois détruite. Le législateur résolut de la rétablir et vota dans ce but les lois des 12 avril, 28 juin 1894 et 11 juin 1896. Ces deux dernières lois sont les seules qui nous intéressent; elles s'occupent des bureaux de vote, des opérations électorales, édictent certaines pénalités et posent le principe de l'obligation du vote.

Le fonds de la législation n'a pas changé. Les innovations les plus importantes portent sur la présentation des candidats, le rôle des témoins, la rédaction des bulletins et le dépouillement. Nous allons successivement les étudier.

L'article 163 du code électoral élève de 3 jours à 10 jours le délai pendant lequel les candidats doivent être présentés. Les présentations doivent être signées par 100 électeurs au moins, pour les arrondissements qui en cas de renouvellement intégral des 2 Chambres, élisent plus de 4 membres, et par 50 électeurs dans les autres... art. 164. Le but de cette augmentation, bien qu'au fond ce droit crée un privilège pour ceux qui savent signer, est d'éviter des présentations de fantaisie, « des candidats pour rire ou de cabarets ». D'autre part, en raison de l'innovation qui proclame élus les candidats sans concurrents, il est nécessaire pour que la présentation non contestée puisse tenir lieu d'élection, que le nombre des signataires soit assez considérable.

Une des réformes les plus importantes de la loi de 1896 concerne les témoins. Cinq jours avant l'élection, les candidats désignent pour assister aux opérations de vote, un témoin et un témoin suppléant au plus, pour chacun des bureaux de vote. Cette disposition est nouvelle : on se souvient que les bureaux où devaient siéger les témoins, étaient désignés par le sort, la veille du scrutin. La raison était que les témoins assistant au dépouillement ne devaient pas connaître à l'avance le bureau où ils allaient siéger : on voulait empêcher le contrôle illicite des bulletins.

Dans le système de la loi nouvelle, le rôle des témoins est complètement transformé. Les bureaux de section n'opèrent plus le dépouillement ; la surveillance des témoins change d'objet et leur mission consiste désormais à surveiller les opérations électorales et à vérifier l'identité des électeurs. Le vote ayant lieu à la commune, il est rationnel que la désignation des témoins ne soit plus confiée au sort, mais au choix des candidats. « Les candidats qui se présentent ensemble ne peuvent désigner qu'un témoin et un suppléant par bureau ; si le nombre des témoins présentés par des candidats isolés, excède trois pour un même bureau, ils sont réduits à ce chiffre par le bureau principal, au moyen d'un tirage au sort qui assigne le cas échéant un autre bureau du même canton électoral aux témoins écartés... art. 185. » On évite ainsi l'encombrement des bureaux de vote par un nombre excessif de témoins.

Toutefois, le tirage au sort est maintenu pour les témoins des bureaux de dépouillement. Les raisons pour lesquelles ce tirage existait autrefois, subsistent quand il s'agit du dépouillement. « Aussitôt que le bureau de dépouillement est en possession des plis qu'il doit vérifier, le président désigne, par la voie du sort, pour chaque liste de candidats, celui d'entre les témoins des bureaux de vote dont les plis lui sont remis, qui doit assister aux opérations du dépouillement. Les témoins non désignés se retirent immédiatement et mention du tout est faite au procès-verbal », art. 179, loi du 11 juin 1896.

En résumé, les témoins peuvent assister aux opérations électorales ou au dépouillement. Dans le premier cas, choisis par le candidat lui-même trois jours avant l'élection, ils vérifient l'identité des électeurs et la régularité des opérations. Dans le second, ils sont désignés par le sort immédiatement avant le dépouillement et procèdent au recensement des votes.

L'article 167 du code électoral porte que si, dans le délai de 10 jours avant l'élection, le nombre des candidats ne dépasse pas celui des sièges, ceux-ci sont immédiatement proclamés élus par le bureau principal. L'élection a été virtuellement faite par les électeurs qui ont signé la liste de présentation ; on comprend dès lors que la loi ait exigé cent signatures au lieu de cinquante et cinquante au lieu de trente. Il y a là, en quelque sorte, adhésion tacite de tout le collège électoral. Cette innovation a été empruntée à la loi anglaise qui proclame élu le candidat dont la présentation n'a pas soulevé de contestation. Puisque, ceux-là seuls qui ont été proposés sont susceptibles d'être élus, à quoi bon, si leur nombre ne dépasse pas celui des représentants à élire, de mettre en mouvement, par pur amour de la forme, les masses électorales ?

Sans doute, la manifestation des électeurs par un vote blanc, donnerait la mesure de la popularité du candidat, mais cette objection est plutôt d'ordre théorique ; il est inutile de déplacer des électeurs dont le vote n'aura aucun résultat. On se rappelle que la loi précédente décidait seulement qu'au cas où le nombre des candidats proposés ne dépassait pas le nombre des représentants à élire, ceux-ci étaient nommés, quelque fut le chiffre des voix qu'ils avaient obtenus.

La manière d'émettre le suffrage n'a pas été modifiée par la loi nouvelle. Quelques modifications seulement ont été apportées dans la rédaction des bulletins. Lorsqu'il y a plus d'un membre à élire, le bulletin contient autant de colonnes qu'il y a de listes complètes ou incomplètes, plus une colonne où sont portés dans l'ordre indiqué par le sort le nom des candidats présentés isolément.

Les candidats qui se présentent ensemble sont portés dans une même colonne, selon l'ordre alphabétique. La première colonne de gauche est réservée aux listes complètes et en ordre successif aux listes comprenant le plus grand nombre de candidats. L'ordre à observer entre les listes comptant le même nombre de candidats est déterminé par le sort (art. 168). Ainsi, les qualifications de parti admises par les lois précédentes ne servent plus pour la classification des candidats. On ne pouvait, en effet, abandonner ces classifications à la fantaisie des candidats, ni se référer à une énumération légale qui serait forcément incomplète. La disposition des noms et la coloration facilitait incontestablement le vote de l'électeur, mais il devenait très difficile de classer, sous des rubriques légales, les partis politiques belges. Par le fait même, il fallait suppri-

Modèle II (1)   ARRONDISSEMENT DE..............................

Élection de.................. *Représentants*

ou   *Élection de*.................. *Sénateurs*

Le.................. *189*

1

Colin.

Delval Jean.

Geirts.

Mabille.

Nelson.

Nick.

Pepin.

Uyterelst.

Van Loy.

Vanstuppen.

Varmon.

2

Delcampo.

Ducange.

Hermand.

Jacques.

Linsack.

Mottet.

Niemand.

Robin.

Tilquin.

Van Diest.

Xhoffer.

3

Amman.

Dubois.

Vertbois.

4

Nicolas.

5

Delval, Pierre.

Instructions pour l'impression du bulletin

1° Le prénom est ajouté si les candidats portent le même nom de famille ;

2° La dernière colonne est réservée aux candidats présentés isolément ; les autres sont réservées aux listes complètes ou incomplètes. Les listes comprenant le plus grand nombre de candidats occupent les premières colonnes. L'ordre, entre celles qui comprennent le même nombre de candidats, est indiqué par le sort ;

3° Lorsqu'il n'y a qu'un membre à élire, les cases à la suite du nom de chaque candidat sont supprimées ;

4° La case placée en tête de la liste a une surface au moins double de celle des cases latérales.

(1) Le modèle inséré au *Moniteur* du 30 juin 1894, page 2056, comporte des cases en plus, que notre format ne nous permet pas d'imprimer ici.

SALLE D'ÉLECTION

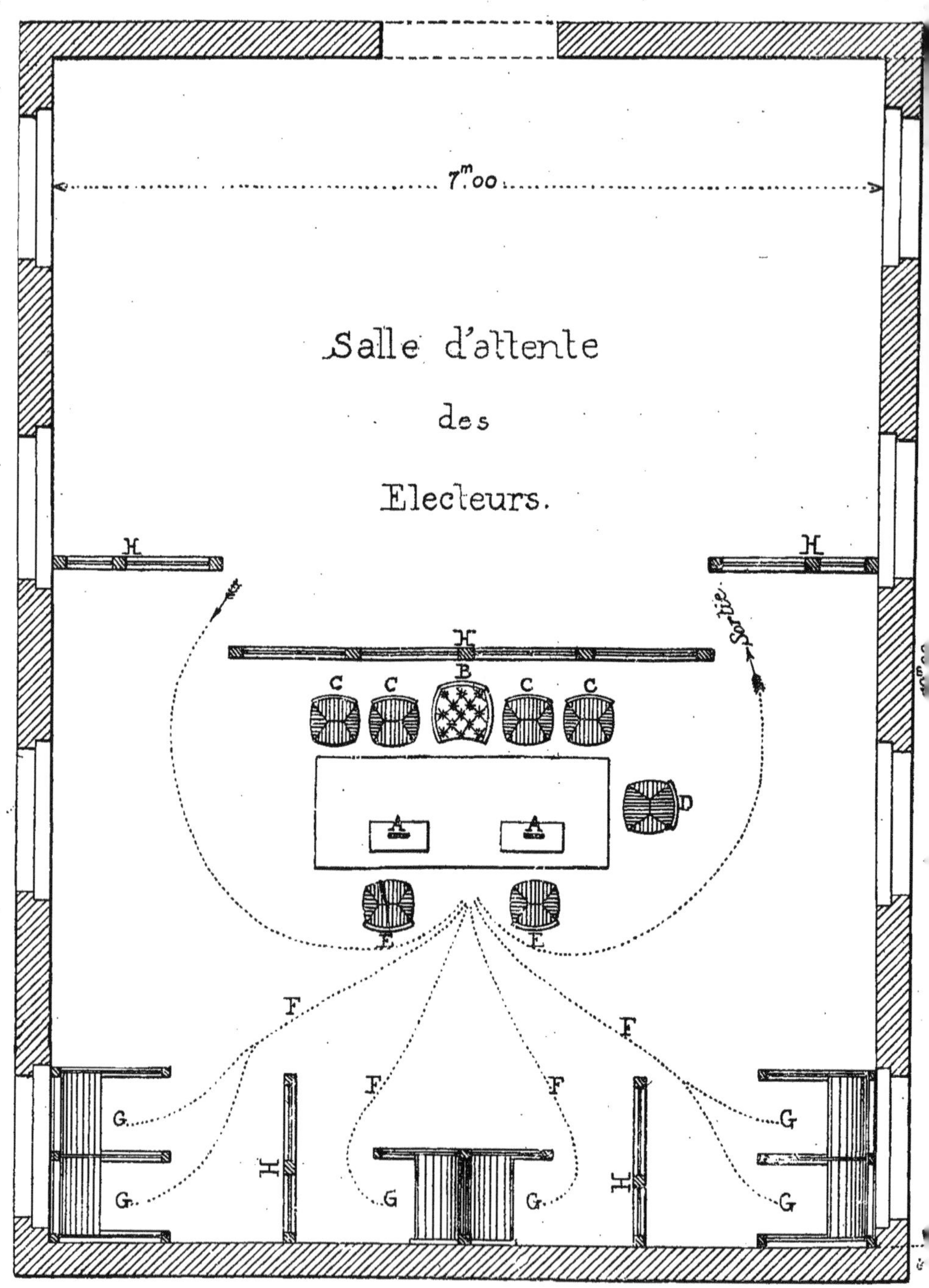

A. Urnes.	E. Témoins.
B. Président.	F. Allée et retour de l'électeur.
C. Assesseurs.	G. Compartiments avec pupitre.
D. Secrétaire.	H. Cloisons.

mer la coloration différente des listes. Les bulletins
sont imprimés à l'encre noire, sur papier de couleur
pour le Sénat, sur papier blanc pour la Chambre.

Les installations du bureau et les compartiments
dans lesquels les électeurs expriment leur vote sont
établis suivant les anciennes instructions. L'électeur
reçoit des mains du président un, deux ou trois bulletins, suivant le nombre de votes qui lui est attribué
(on sait que la législation belge admet le vote cumu-
latif ; art. 4, 5, 6, 7 de la loi du 12 août 1894). Les
bulletins sont pliés en quatre, à angle droit et estampillés au verso d'un timbre portant le numéro du
bureau et la date de l'élection. Le vote se fait de la
même manière que précédemment. L'électeur entre
dans l'isoloir dont la cloison s'arrête à 50 centimètres
du sol ; cette élévation rend le buste de l'électeur
invisible et permet de constater, sans déranger l'électeur, si l'isoloir est occupé.

L'électeur n'a pas le droit de déplier son bulletin en
sortant de l'isoloir ; le président devrait reprendre ce
bulletin, l'annuler et obliger l'électeur à recommencer
son vote. Celui-ci doit remettre son bulletin, qu'il l'ait
ou non utilisé ; il ne pourrait l'emporter hors de la
salle sans tomber sous le coup de l'article 214 qui
punit d'un emprisonnement de un mois à un an et
d'une amende de 200 à 1.000 francs celui qui, d'une
manière quelconque, aura distrait ou retenu un ou
plusieurs bulletins officiels de vote ; le président aurait
le droit de le faire mettre en état d'arrestation.

Le mode de votation n'a pas été modifié ; toutefois,
le tampon a été remplacé par un crayon mat. La mau-

vaise qualité de l'encre rendait difficile l'usage du tampon ; beaucoup de bulletins tachés involontairement couraient le risque d'être considérés comme marqués. On résolut d'employer un crayon mat, malgré les nombreux inconvénients qu'il présente (nécessité de le tailler, facilité qu'il procure à l'électeur de rendre son bulletin reconnaissable en donnant au trait une forme ou une direction particulière).

Lorsque le scrutin est clos, l'urne est ouverte et les bulletins de nature différente sont mis sous enveloppe séparée, scellée, avec l'indication du bureau de vote. Est également mentionné le nombre des bulletins déposés dans l'urne, celui des bulletins non employés ou que l'électeur a montrés ou détériorés. Ces plis sont transportés par le président ou l'un de ses assesseurs, sous la surveillance des témoins, au bureau du dépouillement. Les bureaux de dépouillement recensent les votes de trois bureaux sectionnaires. Tous sont établis au chef-lieu de canton électoral et se composent des trois présidents de bureau de canton, d'après un tirage au sort effectué par le bureau principal trois jours avant l'élection.

Dès que le bureau de dépouillement est en possession des plis qu'il doit vérifier, le président désigne par la voie du sort, pour chaque liste de candidats, les témoins qui doivent assister au dépouillement. Cette désignation immédiate a été introduite par la loi du 11 juin 1896, nous avons déjà eu l'occasion de le remarquer.

Telle est, brièvement résumée, la législation belge. On pourrait croire que les nombreuses formalités qui

la composent et qui paraissent présenter un enchevê-
trement inextricable, en rendent son application mal
aisée ou difficile ; il n'en est rien. Les parties essentielles de l'œuvre mises en rapport avec les réformes
successivement introduites forment un tout bien
homogène ; les opérations électorales, malgré leur
complication apparente, ont été exécutées sans em-
barras. Les associations politiques, le gouvernement
lui-même se sont appliqués à initier les électeurs à
cette procédure. Rigoureusement et loyalement suivie,
elle est devenue la sauvegarde des partis et la force
des électeurs.

SECTION VII

PAYS-BAS

Les élections hollandaises auparavant régies par la loi du 4 juillet 1850, sont aujourd'hui réglementées par celle du 7 septembre 1896. Cette dernière loi procéde de la législation belge ; ses traits caractéristiques s'y retrouvent : présentation, rédaction des bulletins, etc. Les différences existent dans les détails.

Avant de passer à l'étude de la loi actuelle, nous croyons intéressant d'examiner l'ancienne procédure. La comparaison fera mieux sentir les progrès réalisés par l'innovation.

Huit jours au moins avant le jour de l'élection, chaque électeur recevait du président du conseil communal, à son domicile, par l'entremise d'un employé de la commune ou par la poste (ajouté par la loi du 30 décembre 1887), une lettre de convocation. Cette lettre indiquait le jour, l'heure et le lieu de l'assemblée et contenait en outre un bulletin timbré au sceau de la commune pour les élections communales, au sceau des capitales du principal et du sous-district électoral pour les élections aux États Provinciaux et la seconde Chambre (art. 37).

Les bulletins officiels étaient seuls reçus ; mais en

cas de perte ou de non réception, l'électeur pouvait en réclamer au secrétariat de la commune. Celui-ci remettait lui-même son bulletin dans l'urne. Cette urne, fermée à deux clefs différentes, dont l'une était gardée par le président et l'autre par le membre le plus âgé du bureau, était placée sur une table disposée de telle façon que le public pouvait surveiller les opérations du bureau.

L'heure de la fermeture du scrutin arrivée, le plus jeune scrutateur portait l'urne, les clefs et les listes électorales au président du bureau principal, où le lendemain, avait lieu le dépouillement (art. 62). Les bulletins contenant plus de noms qu'il ne convenait étaient valables, mais les noms mentionnés après le nombre requis n'étaient pas pris en considération.

L'envoi des bulletins et l'obligation d'arriver dans la salle de vote avec un bulletin rédigé à l'avance, favorisaient les manœuvres des agents électoraux. Bien plus, la loi ne défendait pas en termes exprès le signe de reconnaissance.

Cette législation incomplète nécessitait une réforme. La loi du 7 septembre 1896, calquée sur le système belge, offre à l'électeur toutes les garanties et conserve facilement le secret du vote.

L'élection commence comme en Belgique, et pour les mêmes raisons, par la présentation des candidats. Ces présentations, reçues de neuf heures du matin à quatre heures du soir par le bourgmestre du chef-lieu de district, doivent être signées d'au moins quarante électeurs : elles contiennent le nom, le domicile du candidat ; récépissé peut être réclamé par les signataires (art. 51).

Le bourgmestre n'a pas le droit de refuser une présentation, du moment où le chiffre légal des requérants est atteint. Aussitôt que les listes sont closes, elles sont cataloguées suivant l'ordre alphabétique et affichées par les soins des bourgmestres dans toutes les communes. Si dans le district, le nombre des candidats présentés ne dépasse pas celui des membres à élire, les candidats sont proclamés élus sans scrutin.

Au cas contraire, les présentations terminées, trois jours avant le vote, chaque électeur reçoit du bourgmestre de la commune une carte de convocation. Sur cette carte sont marqués les nom, prénoms de l'électeur, le numéro correspondant de la liste électorale, le lieu, l'heure du scrutin et les noms des candidats par lettre alphabétique. Il y est également fait mention de l'article 128 du code pénal ainsi conçu : « Celui qui se donne sciemment pour un autre électeur et participe ainsi frauduleusement au vote, est puni d'un emprisonnement de un an au plus. » Les élections n'ont jamais lieu le dimanche. Les patrons sont tenus de laisser à leurs ouvriers au moins deux heures consécutives de liberté pour leur permettre de remplir leurs devoirs ; l'indication du temps libre accordé à chacun d'eux doit être affichée dans l'établissement.

Le scrutin est ouvert de 8 heures du matin à 5 heures du soir ; les bureaux électoraux se composent de trois membres et de deux suppléants choisis par les membres du conseil communal au sein même de ce conseil. Le bourgmestre est président du bureau principal.

Après avoir remis sa carte, l'électeur reçoit un

bulletin timbré du sceau officiel et rédigé suivant le système belge. L'électeur se retire dans un isoloir, noircit la case blanche et dépose lui-même le bulletin dans l'urne.

Sont nuls les bulletins non timbrés du sceau officiel ou qui portent les noms de personnes qui n'ont pas été présentées, ou plus de noms que le nombre réglementaire, ou un signe de reconnaissance.

Chaque bureau procède au dépouillement des votes qu'il a recueillis ; les résultats partiels sont centralisés au bureau principal où a lieu la proclamation des résultats, le lendemain à 9 heures.

Cette nouvelle procédure garantit très sincèrement le secret du vote d'autant plus que les fraudes électorales sont beaucoup moins fréquentes en Hollande qu'en Belgique. La lutte est plus calme et se concentre surtout dans les comités. « Le caractère hollandais, aussi rebelle à la contrainte que flegmatique, (1) » se prête mal aux manœuvres qui déshonorent les élections de certains pays.

(1) Lefèvre-Pontalis, *Revue politique et parlementaire*, tome XII, page 464.

SECTION VIII

SUISSE

Aux termes de l'article 71 de la constitution du
29 mai 1874 « l'autorité suprême de la Confédération
« est exercée par l'assemblée fédérale qui se compose
« de deux conseils ou sections, le Conseil National et
» le Conseil des États ».

Le Conseil National réunit les députés du peuple
suisse élus à raison d'un membre par 2,000 âmes de
la population totale. Les fractions supérieures à 10,000
sont comptées pour 20,000 ; en tout cas, chaque canton
nomme au moins un député.

Le Conseil des États comprend 4 députés des
cantons. Chaque canton nomme au moins 2 députés ;
dans les cantons partagés, chaque demi canton en élit
un. Ce conseil représente au sein de l'assemblée fédérale
le canton comme unité politique.

Ces deux assemblées sont élues au scrutin secret, en
suivant pour le détail, les lois particulières à chaque
canton ou demi canton. On comprendra qu'il ne nous
est pas possible d'étudier chaque législation cantonale.
Nous avons choisi les modes de votation les plus
caractéristiques.

A Berne. — La forme des élections est aujourd'hui fixée par un décret du grand Conseil en date du 28 septembre 1892.

L'avant-veille du scrutin, l'électeur reçoit en même temps que sa carte de légitimation (carte d'électeur) un bulletin de vote. L'usage du bulletin formulaire officiel n'est pas obligatoire ; on peut se servir de bulletins non officiels imprimés ou manuscrits, à la condition toutefois qu'ils soient identiques aux bulletins réglementaires. Pour permettre à l'électeur d'écrire ou de modifier son vote, un espace est réservé dans la salle du scrutin.

Après avoir remis sa carte de légitimation qui est déposée dans une urne bleue, l'électeur donne son bulletin à un membre du bureau qui l'estampille au verso et le dépose ensuite lui-même dans une urne blanche.

Afin d'éviter tout abus et toute intimidation de la part des membres du bureau, ceux-ci ne peuvent écrire le vote des illettrés. Les citoyens âgés de plus de 60 ans et les malades peuvent remettre leurs bulletins à un électeur de leur choix. Le vote par correspondance est permis aux employés des administrations que le service tient éloignés du lieu de réunion.

Les bulletins non réglementaires ou non estampillés, ceux portant une mention inconvenante ou injurieuse, n'entrent pas en ligne de compte pour la fixation de la majorité absolue. Le dépouillement est régi par des règles très rigoureuses. Si le nombre des bulletins excède celui des cartes retrouvées dans l'urne, les opérations sont annulées.

A Genève, les élections cantonales ont lieu au scrutin secret (loi de 1878, sur la répression des fraudes ; loi du 19 juin 1880, sur la forme des élections). L'électeur à son entrée dans la salle de vote reçoit une estampille officielle qu'il doit à peine de nullité du suffrage, coller sur son bulletin.

Les titres de la liste, les noms et les qualités du candidat, sont les seules mentions qui puissent figurer sur les bulletins. Cette disposition limitative empêche bien des signes de reconnaissance, elle est en tous cas plus claire et plus pratique que la vague défense de la loi française. La remise de l'estampille permet à l'électeur de remettre lui-même son bulletin dans l'urne. Pour être valable, le bulletin doit porter l'estampille ; l'électeur n'en recevant qu'une, ne peut déposer qu'un bulletin valable. Le président du bureau n'a nullement besoin de le prendre entre ses mains pour constater s'il est unique et n'a pas ainsi la possibilité de découvrir le vote par le toucher ou la couleur. L'emploi de l'estampille permet en outre de contrôler le nombre des votants qui doit être égal à celui des estampilles délivrées.

On objecte contre l'usage de l'estampille, que le temps nécessaire pour l'apposer, fournit au président du bureau ou aux électeurs présents dans la salle, un moyen de découvrir, soit par le pliage ou la coloration du papier, le sens des votes. Cette critique nous paraît peu fondée ; il nous semble très difficile que le président du bureau puisse, avec les précautions prises par la loi, surprendre un vote.

Canton de Vaud. — Les opérations électorales

réglementées par une loi de 1881, ont été modifiées par un décret du Grand Conseil, en date du 2 février 1893.

L'électeur reçoit du président une enveloppe portant le nom de la commune où le vote a lieu, l'opération, et le tour du scrutin.

Ces diverses mentions obligent l'électeur à se servir de l'enveloppe qui vient de lui être remise et l'empêchent de se présenter avec une enveloppe garnie à l'avance. Il doit nécessairement mettre son vote sous enveloppe dans la salle du scrutin.

Est nul, tout bulletin contenu dans une enveloppe non distribuée. Cette disposition nous paraît insuffisante pour couvrir complètement l'électeur ; elle le garantit contre les influences du dehors, mais non contre celles des membres du bureau.

Canton du Tessin. — Les élections au Grand Conseil et au Conseil National ont lieu par bulletins. La loi du 3 décembre 1888 a introduit l'usage des enveloppes officielles. Ces enveloppes préparées par la chancellerie d'État sont déposées par les soins des municipalités, la veille de l'élection, au domicile de l'électeur, avec un exemplaire imprimé de toutes les listes et plusieurs bulletins blancs.

L'électeur remet l'enveloppe non cachetée et la dépose lui-même dans l'urne. Toutefois, le président du bureau a le droit de s'assurer qu'il n'en dépose qu'une ; il est en effet responsable des inexactitudes des résultats. Si l'on trouvait dans l'urne un nombre d'enveloppes supérieur à celui des votants, une amende de 200 à 1.000 francs pourrait lui être infligée ; il est en outre tenu, lui et les autres membres du bureau, de dénoncer, sous des peines très sévères, ceux qui auraient déposé ou tenté de déposer plusieurs enveloppes.

L'emploi de bulletins et d'enveloppes officielles offre l'avantage de prémunir le votant contre les recherches du bureau mais non contre les actes de pression de l'extérieur. La préparation des votes peut très bien avoir été surveillée sans que l'électeur ait pu changer son bulletin.

Dans le canton **de Zoug,** on se sert également de bulletins et d'enveloppes officielles.

Les bulletins sont imprimés et fournis par l'administration, aux frais du candidat et remis le jeudi qui précède l'élection contre récépissé au délégué de chaque parti. Les enveloppes sont distribuées dans la salle de vote, les bulletins au domicile de chaque électeur, par les agents du candidat.

Cette manière de procéder évite bien des fraudes. La remise des enveloppes, dans la salle du scrutin, empêche les signes de reconnaissance et ne permet pas d'arriver dans la salle avec une enveloppe garnie à l'avance. La distribution des bulletins par les agents des candidats rend impossible les accaparements et assure à chaque électeur la possession d'au moins un bulletin.

La loi du canton de Zoug garantit l'électeur contre les diverses influences; elle offrirait une protection plus sérieuse encore, si un local était réservé pour la préparation et la mise des bulletins sous enveloppe.

SECTION IX

EMPIRE D'ALLEMAGNE

La constitution du 16 avril 1871 a conservé l'organisation et les lois particulières des divers États qui composent l'Empire d'Allemagne.

La juxtaposition de deux législations différentes, applicables l'une à l'Empire, l'autre à chaque État, est surtout visible en matière électorale.

Les députés au Reichstag sont élus de la même manière pour tout l'Empire ; les députés aux divers Parlements par les lois propres à chaque royaume, duché ou principauté. Les mêmes électeurs votent tantôt au scrutin secret, tantôt au scrutin public.

La constitution partage le pouvoir législatif entre le Conseil fédéral *Bundesrath* et le *Reichstag*. Le Bundesrath est formé des représentants nommés par les gouvernements. Le Reichstag se compose des députés élus au suffrage universel direct et au scrutin secret. Le système adopté pour cette élection est, à peu de chose près, celui que nous suivons en France. Le président du bureau, nommé par l'administration, choisit lui-même ses assesseurs, qui prêtent serment entre ses mains. *(Mittels Handesschlags.)* Les fonctionnaires ne peuvent faire partie du bureau.

L'élection a lieu à l'hôtel de ville ou dans une salle assez vaste ; la table du bureau sur laquelle se trouve l'urne doit être placée de telle façon que les électeurs puissent librement circuler à l'entour. En fait, par suite de l'exiguité des locaux de certaines petites communes où précisément la surveillance devrait surtout s'exercer, cette règle n'est pas suivie : la table est le plus souvent adossée au mur de la salle. Généralement, les électeurs ne se plaignent pas de ces irrégularités ; ils paraissent peu soucieux de vérifier par eux-mêmes la sincérité et la légalité des opérations (1).

Après avoir fait constater son identité, l'électeur remet son bulletin au président du bureau qui le dépose lui-même dans l'urne. Les bulletins doivent être préparés hors de la salle de vote et rédigés sur papier blanc. Le président a le droit de refuser les bulletins qui ne satisfont pas aux exigences légales ; en France, nous l'avons vu, ce pouvoir ne lui est pas accordé. Les bulletins sur papier de couleur ou qui portent des signes de reconnaissance, ceux qui contiennent plus de noms qu'il y a de représentants à élire, sont déclarés nuls et annexés au procès-verbal. Ils n'entrent pas en ligne de compte pour le calcul de la majorité ; la distinction établie par la jurisprudence française n'est pas admise.

Le dépouillement a lieu dans chaque section, à haute voix et en public ; les procès-verbaux sont réunis au siège de la circonscription où est publié, trois jours après, le résultat définitif.

(1) Lebon. — *Annuaire de Législation étrangère*, année 1879, p. 345.

Des peines sévères répriment la corruption ; toute personne qui achète ou vend un suffrage est passible d'un emprisonnement de un mois à deux ans et parfois de la dégradation civique. Les pénalités sont augmentées quand la fraude émane d'un membre du bureau.

Malgré les garanties que semble donner la loi allemande, la liberté et la sincérité des élections sont gravement compromises. Les circonscriptions électorales sont souvent taillées suivant les caprices du pouvoir et les élections ont habituellement lieu un jour ouvrable au grand préjudice des électeurs ouvriers.

SECTION X

BAVIÈRE

En Bavière, l'élection pour les députés se fait à deux degrés. Une loi du 21 mai 1881 a changé le mode de votation introduit par la loi du 4 juin 1848.

Auparavant, les électeurs remettaient eux-mêmes dans l'urne leur bulletin signé après avoir prononcé le serment suivant : « Je jure que je donnerai ma voix » selon ma conviction libre et intime, comme je » l'estime utile pour le bien du pays, sans égard aux » menaces, ordres ou promesses et que je n'accepterai » pour cela quelque don ou cadeau que ce soit de » personne, à aucun titre, ni directement ni indirec- » tement. »

La perte de l'électorat et la peine du parjure étaient édictées contre tout électeur coupable de corruption. Les manœuvres frauduleuses entraînaient de plein droit la nullilé du scrutin.

Ces dispositions rigoureuses n'empêchaient ni les abus d'influence ni la vénalité.

Les élections ressemblaient singulièrement aux élections hongroises. « Dans les campagnes, la comédie reste inédite..... Les élections sont en Bavière une espèce de fête populaire où l'on boit, mange, où l'on

danse quelquefois, où l'on s'assomme toujours..... Le
bureau est installé dans la maison commune, les électeurs montent les uns après les autres, défilent devant
la table à laquelle sont assis Messieurs les assesseurs,
en compagnie de nombreuses chopes, retirent leurs
bulletins et s'en retournent pour les faire remplir à
l'auberge d'en haut ou à l'auberge d'en bas, suivant le
parti auquel ils appartiennent. L'auberge d'en bas est
occupé par les nationaux libéraux ; le pasteur d'une
localité voisine y a installé son quartier général..... ;
l'auberge d'en bas sert de camp retranché aux ultra-
montains ; le curé, le maître d'école y sont sous les
armes. Dans l'un comme dans l'autre, on boit et on
mange ferme. A mesure que les électeurs reviennent
dans la maison communale avec leurs bulletins à la
main, ils sont introduits dans une petite chambre ; le
pasteur en bas et le curé en haut, moulent de leur
plus belle écriture, sur la feuille imprimée, le nom de
leurs candidats respectifs (1). » Dans d'autres localités,
les comités sont installés en plein air : des poteaux où
sont inscrits la désignation des partis, indiquent aux
électeurs où ils peuvent s'adresser pour remplir leurs
bulletins. « Chaque parti avait fait placer au pied de
son poteau une grande table avec tout ce qu'il faut
pour écrire ; les meneurs y poussaient les électeurs
auxquels on mettait la plume à la main et le nom du
candidat à l'oreille. Des secrétaires de bonne volonté
écrivaient pour ceux qui étaient venus au monde avant
la loi sur l'enseignement obligatoire; ceux-ci n'avaient
qu'à tracer une croix au bas de leur bulletin. Les

(1) Tissot. — *Les Prussiens en Allemagne,* page 106.

pauvres diables raccolés jusque dans les galetas et qui venaient de vendre leur voix pour quelques florins, étaient conduits dans la salle de vote où se délivraient les bulletins, puis amenés à la fabrique qui fonctionnait dans la cour ou sur la place, et enfin reconduits dans la salle de vote où se remettaient les bulletins ouverts et signés (1). »

C'est pour remédier à ces abus que la loi du 21 mars 1881 a substitué le scrutin secret au scrutin public. Désormais le vote a lieu au moyen de bulletins fermés non signés. L'article 24 décide que « les bulletins seront libellés sur papier blanc et ne devront être revêtus d'aucun signe extérieur ; ils seront remplis en dehors du local affecté au scrutin, soit à la main, soit à l'aide d'un procédé permettant de les reproduire en plusieurs exemplaires ».

L'électeur doit, comme auparavant, jurer de voter « selon sa conviction libre et intime », et ce n'est qu'après avoir prêté serment qu'il est admis au scrutin.

Nous doutons fort de l'efficacité du serment dont l'usage déjà obligatoire sous l'ancienne législation, n'empêchait pas les fraudes. Espérons que les garanties de la loi nouvelle rendront à l'électeur Bavarois toute son indépendance.

(1) Tissot. — *Les Prussiens en Allemagne*, page 124.

SECTION XI

———

PRUSSE

———

En Prusse, le pouvoir législatif est partagé entre le Roi et le Parlement qui comprend deux Chambres : la Chambre des Seigneurs et la Chambre des Députés ou Landtag. Cette dernière se compose de membres élus au scrutin public à deux degrés.

A l'appel de son nom, l'électeur nomme à haute voix le candidat auquel il donne son suffrage. Le secrétaire ou l'électeur lui-même s'il le désire, reproduit cette déclaration sur un registre par une mention en face du nom du votant.

Une élection ainsi conduite n'est plus qu'un vain simulacre ; le vote public fausse la représentation et enlève toute indépendance. Généralement, les électeurs préfèrent s'abstenir. S'ils sont forcés de prendre part au scrutin, ils votent manifestement contre leur conviction : la statistique suivante en est la preuve.

Tandis que pour le Landtag, 15 % seulement des électeurs prennent part au vote, les mêmes électeurs, quand il s'agit de la nomination des députés au Reichstag s'empressent d'exercer leurs droits ; leur nombre atteint jusqu'à 68 % des inscrits.

Dans ces deux Chambres, la composition des partis

est absolument différente, et cependant ce sont les mêmes électeurs qui les forment. De 1871 à 1887, les représentants prussiens se répartissaient de la façon suivante : au Reichstag, conservateurs, 19 %/₀ ; progressistes, 15 %/₀ ; socialistes, 1,7 %/₀ ; — au Landtag, conservateurs, 31,1 %/₀ ; progressistes, 6 %/₀ ; socialistes, 0 (1). D'où vient cette différence dans la composition des partis, sinon du mode de votation lui-même ? Les électeurs au Reichstag votent au scrutin secret plus ou moins librement. Les électeurs au Landtag, votent au scrutin public, surveillés par les grands propriétaires. Le scrutin public ne saurait donner une représentation adéquate des opinions. En Prusse, il apporte la majorité au gouvernement, mais ce n'est pas un motif suffisant pour le maintenir et repousser comme on l'a fait en 1886, la proposition des Libéraux !

(1) Lebon. — *Études sur l'Allemagne politique.*

SECTION XII

BADE

Le pouvoir légistatif appartient au Grand duc et aux États qui se composent de deux Chambres.

La Chambre des Seigneurs comprend des membres de droit, princes, prélats et des membres choisis par la Noblesse, les Universités et le Grand duc.

La seconde Chambre est élue au scrutin à deux degrés suivant un mode qui varie suivant le degré. Chaque section d'une circonscription électorale nomme un électeur par 200 habitants, de manière que l'arrondissement électoral envoie au moins 48 électeurs du second degré.

Les opérations sont dirigées dans chaque commune par le premier magistrat de la commune, assisté d'un conseiller municipal, de deux électeurs du premier degré choisis par le conseil municipal et du greffier de la commune.

L'électeur, après avoir rédigé son bulletin hors de la salle, le remet lui-même dans l'urne, fermé et non signé ; le bulletin doit être sur papier blanc, sans signe extérieur, écrit à la main ou de manière à ne pouvoir être reproduit. La commission électorale décide de la validité des bulletins sauf appel devant le conseil de district. Est nommé électeur du second degré celui qui a obtenu la majorité relative des voix.

Les électeurs du second degré sont convoqués par écrit et doivent accuser réception de cet avis. Dans chaque arrondissement, l'élection a lieu sous la présidence du commissaire du gouvernement nommé par le Grand duc, assisté des trois plus jeunes électeurs et d'un notaire qui rédige le procès-verbal.

Quand les électeurs sont réunis, il leur est distribué par les soins du commissaire du gouvernement des bulletins numérotés et placés sous enveloppes. Les électeurs écrivent ou font écrire leurs votes ; ils peuvent se concerter entre eux avant de remplir leurs bulletins et sur leur demande, un certain temps leur est accordé pour délibérer.

A l'appel de son nom, l'électeur remet son bulletin non revêtu de l'enveloppe au commissaire de l'élection qui le dépose dans l'urne ; quand tous les bulletins ont été remis, le scrutin est clos et le dépouillement commence. Il est donné lecture du contenu du bulletin et du numéro qu'il porte. Sur une liste double et à côté du nom du candidat est reporté le numéro du bulletin. Les billets douteux sont conservés ; ceux qui ne soulèvent pas de contestations sont, le dépouillement terminé, immédiatement détruits.

Cette manière de procéder est bizarre, surtout dans l'élection du deuxième degré. Le numérotage des bulletins, s'il empêche l'attribution aux candidats des voix des non électeurs, a d'autre part l'inconvénient très grave de pouvoir, en cas de vérification, entraîner la violation du secret du vote.

SECTION XIII

WURTEMBERG

Les États généraux de ce pays, se composent de la
Chambre des seigneurs et de la Chambre des députés.

Cette dernière Chambre comprend des membres de
droit, des membres élus par des catégories particulières et des membres nommés par le suffrage
universel.

Les députés de droit se composent d'ecclésiastiques
catholiques ou protestants. Les députés élus comprennent un membre du grand chapitre choisi par lui,
treize députés de la noblesse, sept députés des villes
importantes et soixante-quatre députés élus par le
peuple.

Les nobles élisent leurs représentants au moyen de
bulletins écrits et signés par eux : ils les mettent
eux-mêmes dans l'urne. Les députés des villes et des
baillages sont élus au scrutin secret par billets blancs
remis au président qui les dépose dans l'urne. Avant
la loi du 16 juin 1882, le vote avait lieu comme pour
les élections bavaroises du premier degré, au moyen
de bulletins revêtus de la signature de l'électeur ou,
s'il ne savait pas signer, d'une marque en tenant
lieu.

L'élection se fait sous la surveillance du grand bailli. La commission électorale du grand baillage désigne, pour chaque section, un préposé qui, quelques jours avant le scrutin, choisit parmi les électeurs, un secrétaire et de trois à six assesseurs.

____

ITALIE

____

Après bien des tentatives demeurées infructueuses, le Parlement Italien a remplacé la loi électorale de 1859 par une loi nouvelle, promulguée le 22 janvier 1882.

Elle étend le droit de vote à un nombre considérable d'électeurs et présente des garanties très efficaces pour assurer leur indépendance.

Ce système offre de grandes ressemblances avec celui en vigueur sous la monarchie de Juillet : les bulletins sont remis par le président à l'électeur qui doit l'écrire lui-même sur une table séparée du bureau.

La loi française était moins exigeante : elle permettait aux illettrés, ce que défend expressément la loi italienne, de faire écrire leur vote.

Les électeurs ne sont pas appelés à exercer leurs droits ni à la commune ni au chef-lieu de canton. La loi italienne a adopté un moyen terme ; elle a essayé d'éviter les influences trop directes en divisant les collèges électoraux en sections de cent électeurs au moins et quatre cents au plus. Ainsi, une commune importante dans laquelle les électeurs sont généralement plus indépendants, sera divisée en plusieurs sections ; si elle n'est pas suffisamment peuplée, elle constituera une fraction de section qui se réunira à une autre.

Après la constitution du bureau provisoire composé du maire, de deux conseillers municipaux et des deux plus jeunes électeurs présents, il est procédé à la formation du bureau définitif, dès que vingt électeurs se trouvent réunis. Un scrutateur désigné par le sort est chargé de parafer au verso les bulletins ; le président du bureau les timbre du sceau de la mairie et les dépose dans une urne en verre.

Aux termes de l'art. 54, la salle de vote est divisée par une cloison haute d'un mètre. Dans la partie opposée à la porte d'entrée siège le bureau autour d'une table, qui doit être disposée de telle façon que l'on puisse circuler à l'entour au moment du dépouillement.

La partie de la salle attenante à la porte d'entrée est réservée au public. Tenu à distance par la barrière, sans pouvoir entourer l'électeur ni l'inquiéter lors de la rédaction de son vote, il peut néanmoins facilement surveiller l'urne et le bureau.

A l'appel de son nom, l'électeur se présente et reçoit du président un bulletin que celui-ci a retiré de l'urne en verre : il rédige son vote sur un pupitre isolé et le remet au président qui le dépose dans une autre urne en verre.

Au fond, le système de la loi italienne est celui que nous avons suivi en France sous la Restauration : remise d'un papier officiel au moment du vote par le président du bureau, rédaction du bulletin par l'électeur.

Ce mode de votation nous paraît être un de ceux qui offrent le plus de garanties pour la conservation du secret. A moins de décréter l'incapacité des illettrés, ce qui serait gros de conséquences, cette procédure est incompatible avec le suffrage universel. C'est précisément pourquoi, en France, à l'avènement de ce régime, nous avons dû modifier notre loi électorale.

Une des particularités qui distingue la législation italienne et ajoute encore à ses garanties, c'est la division des collèges électoraux en sections. L'urne est plus ou moins rapprochée de l'électeur, le vote a lieu à la commune ou à une section formée de plusieurs communes, suivant le chiffre de la population. Cette mesure est excellente; les abus d'influence et les actes de pression sont généralement plus directs et en tout cas, difficiles à éviter dans les bureaux de peu d'importance.

Le timbre et le parafe apposés par le président et le scrutateur garantissent l'exécution des prescriptions de la loi relatives à la rédaction des bulletins. Ainsi est empêchée toute préparation de bulletin faite à l'avance ; l'électeur, malgré les sollicitations dont il a été l'objet, peut librement, dans la partie de la salle interdite au public, rédiger son vote.

La transparence des urnes empêche toute fraude, toute substitution de bulletin de la part du bureau.

———

ESPAGNE

———

En Espagne, les élections soit au Sénat pour les sénateurs élus, soit au Cortès n'offrent pas de particularités bien intéressantes, sauf en ce qui concerne la constitution du bureau de vote. Sur ce dernier point la législation a varié récemment.

Auparavant, dix jours au moins avant l'élection, la municipalité du chef-lieu de chaque section faisait connaître le lieu où devait se réunir le collège électoral. Le bureau de chaque collège comprenait le maire du chef-lieu de la section et des assesseurs, nommés par les électeurs au moyen de cédules sous seing privé ou passées devant notaire.

Le dimanche qui précédait l'élection, la commission d'enquête du cens électoral se réunissait sous la présidence du juge du chef-lieu de district. Les plis contenant les cédules étaient ouverts par le président qui proclamait assesseurs et suppléants ceux qui avaient obtenus le plus grand nombre de suffrages dans leur section.

La législation a changé et la désignation des membres du bureau incombe aujourd'hui aux conseils provinciaux et aux candidats.

Le conseil provincial en nomme deux, chaque
candidat en choisit un « mais, pour pouvoir user de ce
» droit de désignation, il faut être proclamé candidat
» par le conseil provincial. On a droit à être proclamé
» candidat quand on a été sénateur ou député, ou
» bien quand on a obtenu à une élection précédente
» le cinquième des voix, ou bien encore quand on est
» présenté par un nombre d'électeurs s'élevant au
» vingtième du nombre total des électeurs inscrits.
» Tout citoyen peut-être candidat, mais il n'y a que
» les candidats proclamés par les conseils provinciaux
» qui puissent faire sauvegarder leurs intérêts par
» leurs représentants attitrés (1) ».

La proposition des candidats, quand elle est faite
par les électeurs, porte une atteinte très sérieuse au
secret du vote. Un vingtième des électeurs au moins,
fait ainsi connaître à l'avance son vote. Cette déclaration les désigne aux candidats adverses qui mettent
en œuvre tous les moyens de corruption et toutes les
influences pour qu'au moins au jour du scrutin, les
auteurs de la proposition votent contre celui qu'ils ont
présenté.

Le vote a lieu au scrutin secret ; chaque électeur
remet au président un bulletin sur papier blanc sur
lequel « s'il ne l'a écrit ou fait imprimer d'avance, il
» écrira ou fera écrire séance tenante le nom du
» candidat auquel il donne sa voix ». L'électeur remet
son bulletin plié en deux au président du bureau qui
le dépose dans une urne en cristal en présence de

(1) Lefèvre-Pontalis, — REVUE POLITIQUE ET PARLEMENTAIRE,
tome VIII, page 32.

l'électeur. Deux assesseurs prennent note du nom et du domicile du votant (art. 65. Loi électorale du 20 juillet 1877).

Sont considérés comme nuls, les bulletins blancs, illisibles ou ne portant pas de noms propres. Les premiers noms des bulletins qui contiennent plus de noms qu'il ne convient sont seuls acceptés.

Des pénalités très fortes sont portées — et le droit de poursuite appartient à tout électeur qui se prétend lésé — contre ceux qui cherchent à violer le secret du vote, contre le président et le secrétaire qui changent ou altèrent les bulletins ou qui les soustraient à la vue du public avant de les déposer dans l'urne, contre ceux qui, dans le dépouillement, commettent une infraction dans le but d'altérer la sincérité des élections.

Ces falsifications constituent le délit de faux en matière électorale et sont punies de la prison majeure et d'une amende de 1.000 à 5.000 pesetas. La pression électorale est réprimée par la prison correctionnelle et une amende de 100 à 500 pesetas.

Malgré ces fortes pénalités et les précautions prises par la loi, les fraudes et les faits de corruption sont nombreux.

Les fonctionnaires et les membres du bureau sont les véritables maîtres des élections ; l'administration tracasse les municipalités et les électeurs qui ne sont pas favorables au candidat du pouvoir. « Les gouver-
» neurs usent dans la plus large mesure, souvent sous
» les prétextes les plus futiles, de leur droit de sus-
» pension, tant à l'égard des membres des députations

» provinciales, qu'à l'égard des municipalités qu'ils
» peuvent remplacer à leur gré (1). »

Quant aux bureaux de vote, ils considèrent les
bulletins comme « un véritable jouet qu'ils font
» manœuvrer à leur guise..... ; ce sont parfois des
» paquets de bulletins qu'on fait tomber dans l'urne...,
» malgré les réclamations qu'on élude et les pénalités
» qui, le plus souvent, aboutissent à l'impunité. Les
» procès-verbaux de l'élection dans les sections de
» vote sont plus d'une fois laissés en blanc pour être
» remplis au gré de la commission centrale du scrutin,
» et les fraudes de tout genre, dont les plus innocentes
» sont la fermeture du scrutin avant l'heure régle-
» mentaire, ont comme un passe-port qui leur donne
» un libre parcours (2). »

(1) Lefèvre-Pontalis. Revue parlementaire et politique, tome VIII,
page 35.

(2) *Ibid*, page 36.

AUTRICHE

La législation autrichienne est très complexe : elle emploie pour l'élection des députés, suivant la classe des électeurs, tantôt le vote direct, tantôt le vote à deux degrés, tantôt le scrutin public, tantôt le scrutin secret.

Les lois qui organisent les élections datent du 2 avril 1873 et du 4 avril 1882 ; une loi du 14 juin 1896 y a apporté quelques modifications.

Les électeurs sont divisés en quatre classes : la classe A comprend les grands propriétaires fonciers, la classe B les villes, marchés et centres industriels ; la classe C les chambres de commerce et d'industrie ; la classe D les communes rurales.

Les trois premières classes votent au scrutin direct et secret ; les grands propriétaires peuvent même voter par procuration. Les communes rurales pratiquent le suffrage à deux degrés ; chacune d'elles nomme un électeur secondaire par 500 habitants. Avant la loi de 1896, les électeurs secondaires votaient tantôt au scrutin public, tantôt au scrutin secret, suivant le mode adopté pour la Diète locale. Cette faculté est aujourd'hui réservée aux seuls électeurs primaires. Le bureau constitué et lecture faite des dispositions légales con-

cernant les élections, le Président exhorte les électeurs
à voter « suivant leur libre conviction, sans aucune
» pensée intéressée, en ne tenant compte que de leur
» meilleure science et conscience en vue du bien
» général. »

Les bulletins sont distribués à l'avance. Outre le
sceau officiel, ils portent trois colonnes : dans la première, les électeurs doivent écrire le nom du candidat,
dans la seconde sa profession, dans la troisième son
adresse ; ces deux dernières indications ne sont pas
obligatoires. La remise des bulletins est constatée sur
la liste électorale. S'il s'agit du vote verbal, l'électeur
à l'appel de son nom nomme le candidat pour lequel il
vote ; un scrutateur note ce suffrage à côté du nom
de l'électeur.

La législation autrichienne présente l'aspect d'une
véritable mosaïque aussi bien dans la composition du
corps électoral que dans la manière de voter. Jusqu'à
ces derniers temps, dans les communes rurales, le vote
à tous les degrés était public suivant que ce mode
était en usage ou non pour les élections locales.
Depuis 1896, ce droit appartient aux seuls électeurs
primaires dont l'influence sur l'élection définitive est
en somme assez restreinte. La véritable élection des
députés est faite par les électeurs secondaires qui
eux votent au moyen de bulletins. Les diverses
mentions que doivent porter les bulletins contribuent
à mieux désigner le candidat ; elles prouvent aussi
que le suffrage a été émis en connaissance de cause
et que l'électeur connaît bien son candidat.

Défense est faite de distribuer les bulletins aux

alentours de la salle de vote. Les électeurs les reçoivent à domicile par les soins de l'administration. Si cette remise peut favoriser les votes imposés, elle évite l'agitation autour de la salle et dans la rue. En Autriche les élections sont généralement pacifiques. A part quelques bagarres entre Allemands, Polonais, Tchèques ou Ruthènes, pour qui les élections sont un prétexte, la période électorale est relativement calme. « Elle est tempérée par l'autorité du gouvernement et » par le respect dont sont entourés les commissaires de » l'élection... On a vu aux environs de Vienne, » quoiqu'on votât dans une soupière au domicile du » maire qui était cabaretier, les membres du bureau » laisser l'urne sous la surveillance des commissaires » de l'élection sans avoir aucun soupçon (1) ».

(1) Lefèvre-Pontalis. — *Élections en Autriche et Hongrie.* — REVUE POLITIQUE ET PARLEMENTAIRE, tome XIII, page 37.

GRÈCE

Le mode de votation adopté en Grèce est particulier à ce pays. Emprunté au système depuis longtemps en usage aux îles Ioniennes, il a remplacé le scrutin de liste et le vote par bulletin.

Au lendemain de la chute de la dynastie bavaroise, pour remédier aux abus d'influence et aux fraudes dont le gouvernement avait trop souvent été le complice, une loi électorale fut votée en même temps que la constitution (19 novembre 1864).

L'article 66 consacre le nouveau système de votation et en fait ainsi un principe constitutionnel intangible. « La Chambre, dit l'article 66, se compose de députés élus par les citoyens ayant le droit d'élire, au suffrage direct, universel et secret, par le moyen de boules, conformément à la loi qui sera votée par l'Assemblée nationale et qui pourra être modifiée ultérieurement dans ses autres dispositions ».

Pour mieux garantir la sincérité du vote et empêcher les fraudes que facilitait la trop longue durée du scrutin, le législateur fut obligé de modifier la loi fondamentale par une loi du 17 septembre 1877 (1).

Des peines sévères sont prononcées contre ceux qui tenteraient de violer le secret du vote. La durée du scrutin, de quatre jours est réduite à un. La rédaction des listes électorales appartient désormais en grande partie à l'autorité judiciaire qui envoie à chaque collège électoral ou section de vote un délégué avec mission d'empêcher les violations de la loi et de procéder à l'instruction des actes délictueux. Ces délégués sont eux-mêmes soumis au contrôle d'inspecteurs choisis parmi les membres de la Cour d'appel.

L'emploi de boules au lieu de bulletins et la forme particulière de l'urne destinée à les recevoir font de ce mode de votation une particularité très originale du droit électoral.

Le législateur a minutieusement organisé la procédure des élections ; rien n'est laissé à l'arbitraire des membres du bureau. La place, la construction de l'urne font l'objet d'un long article (article 50). Le dépôt de la boule dans l'urne est réglementé par l'article 54.

Les membres du bureau offrent par leur mode de recrutement, toutes les garanties d'impartialité et d'indépendance. Ils sont choisis par le sort sur une liste comprenant tous les électeurs sachant lire et écrire qui ont rempli mais qui ne remplissent plus de fonction publique : les médecins, pharmaciens, notaires, avocats y sont également inscrits.

Le président du tribunal procède au tirage au sort :

(1) Depuis lors, les lois du 13 décembre 1878, 15 mai 1882, 30 mars 1883, 26 juillet 1885, 24 juin 1886, 27 mars 1887, 16 décembre 1888, tout en respectant le principe du vote par boules, ont encore apporté de nombreuses modifications de détail.

l'électeur dont le nom est sorti le premier de l'urne est de plein droit président du bureau.

La veille du jour du scrutin qui a lieu dans la salle d'école ou à son défaut dans l'église, les membres du bureau reçoivent du maire la salle, les urnes et autres meubles nécessaires. La direction du vote leur appartient désormais ; ils reconnaissent les représentants des candidats ou leurs remplaçants ainsi que les préposés au vote. Ils choisissent le rédacteur des procès-verbaux et procèdent, en présence des candidats ou de leurs représentants, à l'arrangement des urnes.

Sur une table et vis-à-vis de la place où siège le bureau électoral sont déposés autant d'urnes qu'il y a de candidats. Chaque urne porte sur sa face antérieure une tablette fixe sur laquelle est inscrit le nom du candidat et les emblèmes de son parti (1). Les noms et prénoms du candidat auquel l'urne appartient sont encore inscrits sur la face intérieure de la couverture des urnes et des sacs.

Les urnes ordinairement en fer blanc portent intérieurement deux divisions ; celle de droite destinée aux « oui » est peinte en blanc, celle de gauche destinée aux « non », en noir. Le mot oui *(VAI)* et le mot non *(OXI)* sont inscrits sur le front de l'urne en lettres majuscules.

Ces précautions rendent toute confusion impossible. L'urne de chaque candidat est bien marquée par l'inscription de son nom et de l'emblème. Les deux

(1) En Grèce, les opinions politiques sont nettement définies ; deux partis se disputent le pouvoir : ils ont chacun un symbole. Les partisans de M. Tricoupis ont choisi l'olivier, ceux de M. Delyannis un ruban aux couleurs nationales.

parties de l'urne sont rendues distinctes par une coloration différente et par l'inscription très apparente des mots, oui et non, écrits au-dessous des ouvertures.

Dans la partie du devant de l'urne s'ouvre un trou circulaire correspondant à un tube long de 27 centimètres et de 12 centimètres de diamètre. Cette ouverture est suffisante pour permettre à l'électeur d'y introduire la main et de déposer son vote. L'intérieur de l'urne est tapissée de drap de laine ; cette disposition amortit le bruit de la chute des boules et empêche de deviner le sac dans lequel elles sont tombées et par suite le sens du vote que vient d'émettre l'électeur.

A la bifurcation du tube dont nous venons de parler, à la suite des deux divisions, sont attachés deux sacs destinés à recevoir les boules ; ils sont de couleur blanche ou noire suivant qu'ils sont fixées au « non » ou au « oui » (art. 50).

Les formalités de vérification des urnes terminées, celles-ci sont scellées puis recouvertes d'une boîte à triple serrure. Les clefs sont remises, l'une à un membre du bureau désigné par la majorité, l'autre à un membre du bureau désigné par la minorité et la troisième au délégué judiciaire. Les portes et les fenêtres de la salle de vote sont fermées jusqu'au jour de l'ouverture du scrutin ; la force publique veille à ce que ces dispositions ne soient pas violées.

Pour être candidat, il faut avoir été présenté par douze électeurs suivant acte signé, autorisé par le candidat et notifié par huissier au président du tribunal de première instance.

Cette manière de procéder commandée par la nature

même de la votation, a l'avantage d'écarter les candidatures de fantaisie. Par contre, elle porte atteinte à la liberté de l'électeur. Sans doute, si le candidat lui déplaît, il votera « non », mais il n'en est pas moins vrai que l'électeur n'est pas entièrement libre dans son choix.

Pour voter, les électeurs doivent se présenter cinq à la fois. Devant chaque urne se tient un préposé qui porte dans un vase cinq boules de plomb que lui a donnés le président du bureau. Au moment où l'électeur passe devant l'urne, le préposé à l'urne lui remet une boule et prononce le nom du candidat auquel l'urne est réservée.

L'électeur prend la boule, la lève en la tenant entre le pouce et l'index pour montrer aux membres du bureau qu'il n'en tient qu'une seule et immédiatement après fait entrer sa main dans le trou circulaire. Il imprime à sa main un mouvement de droite à gauche pour donner le change aux assesseurs et laisse tomber la boule à droite ou à gauche suivant qu'il veut voter pour ou contre le candidat. La même opération se répète jusqu'à ce que l'électeur ait passé devant toutes les urnes.

L'intervention de l'autorité judiciaire dans la préparation et dans l'élection elle-même, la manière dont le bureau est constitué, le mode de votation, nous paraissent offrir aux électeurs toutes garanties au point de vue de l'indépendance et du secret. Quelles que soient les sollicitations dont il ait été l'objet, l'électeur conserve sa liberté. Nous n'avons pas à craindre de remise forcée do bulletin, ni des signes de reconnaissance : les boules sont distribuées au moment du vote et sont déposées dans l'urne sans que le président puisse voir ou entendre si l'électeur la jette à droite ou à gauche.

Nous aimons à penser que les Grecs ne mésusent pas de leur dextérité et qu'ils n'empruntent pas à la prestigiditation le moyen de doubler la boule unique qui leur a été remise et de voter ainsi deux fois pour le même candidat.

Ce mode de votation présente, selon nous, deux inconvénients essentiels : celui de limiter le choix des électeurs aux candidats dont les noms sont inscrits sur les urnes et de pouvoir rendre inutile ou sans résultat appréciable un scrutin. Par suite de la confection des urnes et surtout de l'absence de bulletins, l'électeur n'est pas libre de voter pour celui qu'il veut mais seulement pour les candidats qui lui sont proposés. D'autre part, que l'on suppose des électeurs inintelligents ou peu sérieux qui ne se rendent pas compte du fonctionnement du système ou de l'importance de leurs droits, si tous, ou seulement un grand nombre d'entre eux, jettent leur boule dans le sac des *oui*, par exemple, les candidats auront le même chiffre de voix ou l'écart sera insensible. Des ballottages sont à craindre. Il est vrai que les électeurs, et c'est là un stimulant pour les forcer à agir sincèrement, n'ont pas la ressource d'un second tour de scrutin où ils voteraient régulièrement cette fois. Les candidats en ballottage écrivent leurs noms sur un bulletin qu'ils enroulent en forme de cylindre ; ces bulletins, tous uniformes, sont tirés au sort par les juges ; le candidat dont le nom est sorti le premier de l'urne, est proclamé député.

Ces critiques ne doivent pas faire oublier tous les avantages du système ; s'il rend longues et compliquées les opérations électorales, il leur assure du moins une sincérité complète.

CONCLUSION

L'examen de la législation française nous a permis de constater que les garanties données par la loi sont insuffisantes et rendent le secret du vote absolument illusoire.

L'étude des législations étrangères et des projets soumis aux Chambres nous a d'autre part fourni des indications, qui nous mettent en mesure de proposer des remèdes dont l'usage a reconnu l'efficacité.

L'électeur doit être libre, mais trop souvent son vote est imposé. Il arrive dans la salle du scrutin sous la surveillance d'un agent électoral ou s'il se présente seul, il remet au président un bulletin dont l'aspect trahit le sens ou dont la rédaction permet d'en découvrir l'auteur. La loi française oblige l'électeur à se présenter avec un bulletin préparé à l'avance : cette disposition est une garantie contre l'influence des membres de bureau, mais elle favorise les votes imposés. On a vu des patrons remettre à leurs ouvriers un bulletin et les conduire sous leur surveillance jusque dans la salle de vote. Pour entraver ces abus et empêcher les sollicitations et les faits de pression dont trop souvent les salles de vote sont le théâtre, le stationnement devrait y être interdit. Son bulletin déposé dans l'urne, l'électeur devrait immédiatement se retirer. La surveillance peu sérieuse et intermittente du public serait remplacée

par le contrôle beaucoup plus efficace des représentants
des candidats. La présence de témoins empêcherait
bien des fraudes et paralyserait les tentatives de pression
préparées au dehors.

L'établissement d'une cabine isolée nous semble
aussi indispensable ; à l'abri de tous les regards,
l'électeur pourra changer le bulletin qu'on lui aura
remis. Cette innovation est de la plus haute importance
et les objections qu'on y a faites ne paraissent pas
devoir l'écarter. Point n'est besoin d'installations
coûteuses, un simple rideau, un paravant suffirait,
et d'ailleurs, devant l'étendue des résultats, la question
de dépenses ne devrait pas faire hésiter. Nous ne
croyons pas que les opérations en soient de beaucoup
allongées ni qu'on y trouve un moyen d'obstruction ;
le prix modique des cloisons permet de les multiplier.

Ce qu'il importe en second lieu de combattre, c'est
l'influence des membres du bureau, ce sont les signes
de reconnaissance ; trop souvent, l'état matériel des
bulletins contribue à trahir le secret.

L'obligation de remettre le bulletin au président du
bureau rend difficiles les doubles votes mais elle
permet d'exercer sur les électeurs, surtout dans les
petites communes, une intimidation très réelle. La
couleur, le grain, la qualité du papier sont des indications infaillibles.

Pour empêcher le contrôle des membres du bureau,
deux moyens ont été proposés : le bulletin sur papier
officiel et le vote sous enveloppe. Nous ne croyons pas
que les projets soumis aux Chambres françaises donnent
entière satisfaction et répondent à toutes les critiques.

La question est très complexe et très difficile à résoudre : il faut trouver un système qui empêche les reconnaissances lors de la remise des bulletins ou au moment du dépouillement, et qui soit en même temps applicable au scrutin uninominal et au scrutin plurinominal.

Pour plus de clarté, nous examinerons d'abord la question au point de vue des élections uninominales, élections législatives, au conseil général et au conseil d'arrondissement.

Et d'abord, du bulletin officiel : le bulletin officiel imprimé par l'administration ou sous son contrôle garantit l'uniformité extérieure des bulletins.

Les bulletins peuvent être distribués avant l'élection, ou dans la salle de vote.

La distribution avant le jour du scrutin, peut être faite soit par l'administration, soit par le candidat.

L'intervention des fonctionnaires n'est pas toujours impartiale : on a de justes raisons de craindre qu'ils ne délaissent intentionnellement certains électeurs pour les empêcher de voter.

Si la distribution est libre, des accaparements sont possibles. L'impression au dernier moment serait un remède parfois tardif et la vente des bulletins à des prix modiques dans les débits de tabac ou les mairies ne pourrait entraver une rafle bien organisée ; d'ailleurs la distribution avant le vote aurait l'inconvénient de permettre l'apposition de signes de reconnaissance.

D'autre part si les bulletins sont distribués dans la salle de vote, on met alors l'électeur sous la dépen-

dance des membres du bureau ; ou bien ceux-ci
font eux-mêmes la distribution des bulletins et ils
peuvent alors ne présenter que le bulletin qui leur plaît,
ou la distribution est libre et il leur est néanmoins
facile de suivre des yeux la préparation des votes.
L'isoloir pourrait il est vrai, supprimer ce dernier
inconvénient.

Le vote sous enveloppe a rencontré plus de partisans.
L'opacité des enveloppes rend impossible la reconnaissance des bulletins au toucher ou à la vue. On
redoute les doubles votes. Au contraire, dit-on, ils
sont empêchés. S'il y a plusieurs bulletins sous une
même enveloppe, ou ils sont de noms différents et ils
se neutralisent, ou ils sont au même nom et ils ne
comptent que pour un seul. Les opérations du dépouillement ne seraient pas rendues beaucoup plus longues ;
l'adjonction de scrutateurs y pourvoirait.

Mais pour que le vote sous enveloppe profite réellement à l'électeur il faut que cette innovation soit
accompagnée de l'établissement de la cabine d'isolement. Cette réforme en est le corollaire ; autrement,
loin d'être un bienfait, le vote sous enveloppe serait
plutôt funeste à l'électeur. Si l'enveloppe était distribuée à l'avance, la liberté de celui-ci serait encore
moins grande qu'aujourd'hui ; son vote serait empri-
sonné dans l'enveloppe sans qu'il puisse l'en retirer.
Au cas de distribution dans la salle, le temps nécessaire à la mise sous enveloppe, permettrait aux
membres du bureau de découvrir le sens des bulletins.

Le système que nous venons d'exposer, s'il protège
l'électeur contre les membres du bureau, n'empêche

nullement les signes de reconnaissance. Il ne suffit pas de combattre les influences directes, il en est d'autres qui n'entravent pas moins gravement la liberté. On se rappelle qu'il est facile de constater l'obéissance d'un électeur en marquant le bulletin d'un signe conventionnel ou en le rédigeant d'une façon particulière qui le fera remarquer lors du dépouillement.

L'article 21 du décret réglementaire prohibe ces marques, mais le vague de cette défense facilite sa violation.

On a proposé de décider que les bulletins ne devraient porter d'autre indication que les nom, prénoms, profession du candidat. Une semblable limitation nous semble irréalisable. Un candidat peut porter plusieurs noms, sa profession ou ses professions peuvent être indiquées de plusieurs façons.

Les bulletins contiennent parfois plus de noms qu'il n'y a de candidats à élire ; on aura beau défendre de donner lecture au moment du dépouillement des noms qui excèdent le chiffre légal. Dans le nombre réglementaire auront peut-être été intercalés des noms de convention ; parfois celui du votant lui-même.

Interdire aux électeurs de prendre des notes au moment du dépouillement est une défense qu'on ne peut faire respecter. Il faudrait remplir l'assemblée d'agents de police et dans bien des cas, il serait difficile de dire si l'électeur prend des notes relatives à l'élection : on ne saurait punir l'exhibition d'un simple calepin.

Nous estimons que toutes ces mesures sont insuffisantes pour réprimer les signes de reconnaissance, et nous ne voyons que deux moyens de les combattre efficacement : d'une part, procéder au dépouillement à huis-clos, en la seule présence des témoins ou de quelques autres personnes désignées par le sort ou par le candidat. De cette façon ceux qui ont apposé des signes sur des bulletins ne pourraient exercer leur contrôle. La fraude perdrait tous ses fruits. D'autre part, prescrire l'emploi du bulletin uniforme mis à la disposition des électeurs dans la salle de vote ou dans l'isoloir. Sans être inquiétés ni craindre une vérification quelconque, ils pourraient choisir leur bulletin.

Jusqu'ici nous n'avons eu en vue que les élections uninominales. La question se complique dans les élections par listes. On ne saurait obliger un électeur à voter pour une liste entière : il faut bien lui permettre de *panacher* son bulletin. Ces modifications aux listes peuvent, si elles sont faites au moyen de raturages ou de l'écriture, constituer des signes de reconnaissance. Il importe donc de trouver un procédé qui, tout en permettant les modifications, ne contribue pas à découvrir l'électeur.

Le bulletin officiel collectif rédigé et établi suivant le système belge, nous paraît satisfaire à ces exigences. L'uniformité de papier et la cabine d'isolement mettent l'électeur à l'abri de l'influence des membres du bureau.

Avec le bulletin collectif, nous n'avons pas à craindre les distributions partiales au profit de certains candidats ni le contrôle à la sortie, des bulletins non employés : toutes les listes sont établies sur un seul et même bulletin. Nous estimons donc que le seul moyen de garantir complêtement le secret du vote, *dans toutes les élections* est d'employer le système Belge. ..

Les projets de loi présentés aux Chambres françaises défendent l'électeur contre les influences des membres du bureau, mais ils n'empêchent pas, *du moins au cas d'élections plurinominales*, les signes de reconnaissance qu'entraînent les changements dans les listes.

Quoi qu'il en soit, si ces procédés procurent à l'électeur une certaine indépendance matérielle, ils ne sauraient, ce qui est non moins important, leur donner l'indépendance morale. Bien que le suffrage universel soit en vigueur en France depuis cinquante ans, il n'en est pas moins resté très jeune. Le peuple ne raisonne pas et se laisse le plus souvent conduire ; son éducation civique n'est pas assez développée. Il nous semble tout aussi important d'élever le niveau moral de la masse. La liberté et la sincérité des votes n'ont pas de plus grands ennemis que l'ignorance : ce sont le plus souvent les ignorants qui admettent les théories séduisantes mais dangereuses.

Pour donner aux électeurs l'instruction politique qui lui est nécessaire, le concours de toutes les bonnes volontés s'impose. S'il est du rôle de l'Etat d'éduquer le peuple, il est de l'intérêt même des citoyens instruits de collaborer à cette tâche. Il importe de ne pas le laisser à la merci de quelques idéologues, ambitieux et violents. Lorsque le peuple aura conquis son indépendance morale et compris l'importance égale de ses droits et de ses devoirs, lorsque cette notion sera partagée par la masse des électeurs, nous n'aurons plus alors à nous ingénier à trouver une procédure nécessairement compliquée et minutieuse. Peut-être alors, pourrons-nous en venir au vote public !

TABLE DES MATIÈRES

Lille, imp. H. MOREL, rue Nationale.

9 782019 288075